MACHT PLATZ!

Madeleine Hofmann, geb. 1987, arbeitet als Journalistin in Berlin, u. a. für das ZDF Morgenmagazin, ze.tt und Capital.de. Mit ihrer Kolumne »Die Jugend von heute« für das Magazin *The European* rückte sie Werte und Interessen der jungen Generationen in den Mittelpunkt politischer Debatten. Für ihr Magazin *Knowing (wh)Y* wurde sie ausgezeichnet, von der Stiftung für die Rechte zukünftiger Generationen sowie von der Initiative #FreeInterrail zur Botschafterin ernannt. Als Expertin und Talk-Gast ist sie in TV und Radio zu sehen und zu hören.

MADELEINE HOFMANN

MACHT PLATZ!

Über die Jugend von heute
und die Alten, die überall
dick drin sitzen und
über fehlenden Nachwuchs
schimpfen

Campus Verlag
Frankfurt/New York

ISBN 978-3-593-50915-0 Print
ISBN 978-3-593-43932-7 E-Book (PDF)
ISBN 978-3-593-43953-2 E-Book (EPUB)

Das Werk einschließlich aller seiner Teile ist urheberrechtlich geschützt.
Jede Verwertung ist ohne Zustimmung des Verlags unzulässig. Das gilt
insbesondere für Vervielfältigungen, Übersetzungen, Mikroverfilmungen
und die Einspeicherung und Verarbeitung in elektronischen Systemen.
Trotz sorgfältiger inhaltlicher Kontrolle übernehmen wir keine Haftung
für die Inhalte externer Links. Für den Inhalt der verlinkten Seiten sind
ausschließlich deren Betreiber verantwortlich.
Copyright © 2018 Campus Verlag GmbH, Frankfurt am Main.
Umschlaggestaltung: Zeichenpool, München
Umschlagmotiv: © Shutterstock/Andreas Bjerkeholt
Redaktion: Artur Senger
Grafik/Satz: Oliver Schmitt, Mainz
Gesetzt aus der Minion und der Alegreya Sans
Druck und Bindung: Beltz Grafische Betriebe GmbH, Bad Langensalza
Printed in Germany

www.campus.de

Inhalt

Für Elina und Valentin
und für alle anderen Kinder der jüngsten Generation,
für deren Zukunft dieses Buch eintritt

Prolog

Anfang 2018 haben sich die Deutschen für vier weitere Jahre Stillstand entschieden. Oder sagen wir besser: Ein kleiner Teil der Deutschen hat entschieden, dass der Rest der Deutschen mit vier weiteren Jahren Stillstand zu leben hat. Christian Lindner hatte die Jamaika-Koalition platzen lassen, und nur wenige Monate später stimmten etwa 239 000 Mitglieder der SPD für eine weitere Runde der Großen Koalition. Und täglich grüßt das Murmeltier.

Zur Feier der Koalitionsneuauflage gestaltete die Parteispitze der CDU – also Angela Merkel – die »Erneuerung« ihrer Partei. Immerhin einen unter 40-Jährigen erkor sie für ihr Kabinett aus: Jens Spahn, Jahrgang 1980, ist bei Antritt seines Amts als Gesundheitsminister 37 Jahre alt. Auch die SPD ließ »eine Junge« ran: Franziska Giffey, Jahrgang 1978, ist 39, als sie das Familienministerium übernimmt, mittlerweile hat sie ihren 40. Geburtstag allerdings gefeiert. Betrachtet man die gesamte Bundesregierung, sind Franziska Giffey und Jens Spahn die Teenager am Kabinettstisch. Das Durchschnittsalter des Kabinetts Merkel IV beträgt nämlich am Tag seiner Vereidigung 51,2 Jahre[1] – damit sind die MinisterInnen quasi fünf Jahre älter als die deutsche Gesamtbevölkerung.

Entsprechend alt sieht die Politik aus: Die letzte große Koalition verpulverte Milliarden für die Rente mit 63, die nur wenigen half – am wenigsten aber den jungen und zukünftigen Generationen. Die Zukunft reicht bis zur nächsten Bundestagswahl. Über die Rentengeschenke der neuen GroKo bestimmt jetzt eine ExpertInnenkommission, deren jüngstes Mitglied Mitte 40 ist, die meisten aber sind über 60. Die neue GroKo setzt wie die alte auf Massentierhaltung, Kohlekraft und Dieselmotoren. Alles für den Wohlstand! Was kümmert uns die Zukunft?

Willkommen in der Altenrepublik Deutschland, wo Junge nichts zu sagen haben und graue Köpfe die Agenda bestimmen!

Wenn das so weitergeht – die Lebensrealitäten der Jungen in der Politik fehlen und Wahlprogramme nur für die alten WählerInnen geschrieben werden –, dann schnüren wir für immer teurere Rentenpakete, während für Zukunftsinvestitionen, zum Beispiel in Bildung, kein Geld übrigbleibt. Dann wird Unterricht bald in leer stehenden Fabrikgebäuden am Stadtrand abgehalten, Schulsanierung ist nämlich nicht drin im Budget – und da draußen im Industriegebiet stört sich auch niemand am Geschrei der Kinder und Jugendlichen. Die sitzen nachmittags im Grundkurs Digitalisierung, wo sie von Tageslichtprojektoren ablesen, wie das damals funktioniert hat mit diesem Online-Banking. Das echte Internet wurde nämlich längst blockiert, weil die grauen Köpfe in der Regierung beschlossen haben, dass die Gefahren, die davon ausgehen, einfach zu groß sind. Dann florieren die Bankfilialen und Tante-Emma-Läden wieder, wo es die beste Auswahl regionaler Lebensmittel und Trinkwassersorten aus dem Reagenzglas gibt. Die sind gesünder als Naturprodukte, die man einfach nicht mehr von Plastikpartikeln und Pestiziden befreit bekommt. Für andere Konsumgüter fährt man wieder in die Stadt, statt sich online mit einer viel zu großen Auswahl auseinandersetzen zu müssen. Das gibt den Alten die Möglichkeit, ihre schicken SUVs und Cabrios aus der Garage zu holen. Das mit der Elektromobilität war für die Automobilkonzerne einfach zu kostspielig – und jetzt kann man weiterhin den Klang der Motoren und den Duft von Diesel in der Luft genießen. Schön ist das.

Die oberen 2 Prozent und ihre Sprösslinge residieren dann in ihren schicken Eigentumswohnungen und Neubauten, während die anderen, die nicht vom Aktienboom profitieren konnten, sich in die wenigen verbliebenen kleinen Mietwohnungen zwängen müssen – oder in eines der leer stehenden Häuser an der Küste oder in der Nähe der Alpen, wo das Leben unsicher geworden ist, weil die Regionen regelmäßig von Hochwassern, Sturmfluten, Schnee- und Schlammlawinen heimgesucht werden. Etwas anderes können sich die Jungen nicht leisten, weil von ihren Gehältern nach Abzug der horrenden Beiträge für Renten-, Kranken-, und Pflegeversicherung gerade noch genug übrig bleibt, um die Gebühren für die Kindergarten- und Schulplätze ihrer Kinder zu bezahlen. In den Ferien fahren die Familien meistens ins Umland. Zu kompliziert ist es geworden, das Ausland zu bereisen. Ohne internationale Abkommen dauern Visavergabeprozesse Monate, und die Kinder erschrecken bei den strengen Kontrollen an den Grenzen der Nachbarländer. Besser also zu Hause bleiben, in der Bundesrepublik, wo der Ausverkauf der Zukunft in vollem Gange ist.

Ein paar Jahre hatte ich mich mit dem Engagement junger Menschen, den Vorurteilen, die Alte ihnen gegenüber haben, und den drohenden Folgen des Bevölkerungswandels schon beschäftigt, als ich erkannte, warum wir in Deutschland ein Problem mit Generationengerechtigkeit haben. Immer wieder hatte ich mich für meine Kolumnen schon beschimpfen lassen müssen, zum Beispiel, weil ich gegen die Mütterrente bin – und das heißt für viele ganz klar, dass ich meiner Oma nicht die Butter auf dem Brot gönne. (Was selbstverständlich ferner von der Realität nicht sein könnte.) Das war online. Im echten Leben, von Angesicht zu Angesicht, behaupteten die meisten inbrünstig: »Generationengerechtigkeit, ja, ganz wichtig – die Basis unserer Gesellschaft«. Bis zu diesem lauen Sommerabend im Berliner Regierungsviertel, wo ich einer exklusiven Zusammenkunft wohlhabender, einflussreicher und – ja – alter Menschen beiwohnte, die sich den Publizisten Wolfgang Gründinger eingeladen hatten, um sich mit einem Gläschen teurem Wein in der Hand mal erzählen zu lassen, wie es in Deutschland um die Jugend bestellt ist. Ich begleitete den Referenten, der es als Sprecher der Stiftung für die Rechte zukünftiger Generationen gewohnt war zu provozieren – besonders vor älterem Publikum. Doch mit Kritik an ihnen selbst –

damit hatten die Herrschaften dieses Mal wohl nicht gerechnet und waren alles andere als begeistert. Unverschämt sei es, zu behaupten, man interessiere sich nicht für die nächste Generation. Schließlich gebe man den Sprösslingen gerne Finanzspritzen, und was gebe es Besseres, als mit den Enkelkindern zu spielen, in den Zoo oder ins Museum zu gehen? Das sei schön für den Nachwuchs der Anwesenden, entgegnete Gründinger. Aber was ist mit all den anderen Kindern in Deutschland? Na, die, pikierten sich die Alten, hätten ja wohl eigene Eltern und Großeltern, die sich um sie kümmern sollten. Es sei nun wirklich zu viel verlangt, sich auch noch um die Bälger anderer Gedanken machen zu müssen.

Da ist es, das Problem mit der Gerechtigkeit: Sie endet für die meisten dort, wo für sie selbst der bestmögliche Status erreicht ist. Und für die eigenen Schäfchen. Der Rest möge sich doch jetzt bitte mal selbst bemühen.

Und so ist auch der Teil der Jugend, der keine spendablen Eltern, Großeltern oder sonstigen Gönner hat, auf sich selbst angewiesen. Aber wenn sie nicht für ihre eigenen Interessen eintreten können, weil sie wegen ihrer Jugend in der Politik nicht vorkommen, wer macht es dann?

Die Alten, damit ist eine Gruppe gemeint, die genauso schwierig zu definieren ist wie die der Jungen. In der aktuellen Debatte bilden die »Babyboomer« ihre untere Altersgrenze – also diejenigen, die heute zwischen Anfang 50 und Anfang 60 sind. Nach oben gibt es bei den Alten keine bezifferbare Grenze. Im Vergleich zu dieser Gruppe gibt es von uns Jungen zu wenige. Wir gehen in politischen Debatten gnadenlos unter. Politik wird für die WählerInnen gemacht. Und die sind in der Mehrheit alt. Auch in politischen Parteien, Organisationen, in Gewerkschaften und in der Wirtschaft fehlt der Nachwuchs – zumindest dort, wo Entscheidungen getroffen werden.

»Selbst schuld«, hört man abschätzig aus den Reihen der Alten. Sie tun weiterhin so, als suchten sie händeringend NachfolgerInnen, denn es gebe ja einfach nicht genügend motivierte junge Menschen. Wenn wir Jungen dann zur Stelle sind, spüren wir ganz schnell den Ellbogen, der uns von der Gruppe der EntscheiderInnen fernhalten soll. Er gehört den Alten, die ihr Revier verteidigen. In Wahrheit heißt es nämlich: Nachwuchs ja, aber erst, wenn die Alten selbst keine Lust mehr haben zu entscheiden. Und das kann dauern. In der Zwischenzeit sollen die Jungen lieber mal auf die Straße gehen – habe man früher ja auch gemacht. Der Jugend von heute gehe es eben zu gut, deshalb sei nichts mehr mit ihr los.

Aber »wir Jungen« sind nicht alle gleich. Woher sollen wir also das Gemeinschaftsgefühl nehmen, um an einem Strang zu ziehen und unsere Zukunft zu verteidigen? In irgendeiner Form finden einige von uns immer zusammen – sei es in einer Initiative, einer Partei, bei einer Demonstration, einer Unterschriftensammlung oder weil wir zur im letzten Bundestagswahlkampf viel diskutierten Gruppe der »jungen NichtwählerInnen« gehören. Trotzdem ist unsere größte Gemeinsamkeit – egal ob in Unternehmen oder der Politik –, dass das alte Establishment unserer Zukunft (die im Übrigen noch länger dauert als die der Etablierten) im Weg steht.

Von ihnen – also den Alten – gibt es heute schon so viele mehr als von den Jungen, dass auch eine wieder ansteigende Geburtenrate so schnell nichts am Ungleichgewicht ändert. Und in den nächsten Jahren wird sich diese Entwicklung fortsetzen. Wie aber können wir das Ruder noch herumreißen und endlich neben den Alten am Verhandlungstisch Platz nehmen, um unsere Demokratie zukunftsfest zu machen?

Von »den Alten« wird auf den nächsten Seiten noch häufig die Rede sein. Einigen, die zu dieser Gruppe gehören, wird das nicht gefallen. An dieser Stelle sei deshalb gesagt, dass wie für die Jungen natürlich auch für sie gilt: Nicht alle »Alten« sind gleich.

Dieses Buch zeigt, wie es um die Jungen in Deutschland bestellt ist, es räumt mit Klischees auf, und vor allem macht es deutlich, dass sich die Alten eine Welt geschaffen haben, in der sie munter ihren Status quo verwalten können – während die Jungen vergeblich versuchen, an den eingeschworenen Netzwerken, den Ellbogen und den ausgrenzenden Gesetzen der Alten vorbeizukommen. Eine entscheidende Gruppe der deutschen Gesellschaft – nämlich diejenige, die ihre Zukunft bildet – wird in unserem demokratischen System nicht repräsentiert. Deshalb ist es an der Zeit, dass wir uns holen, was uns zusteht: unsere Stimme, unser Recht auf Repräsentanz und Mitbestimmung, unsere Zukunft.

Macht Platz!

rufen wir den Alten entgegen, die an ihren Chefsesseln klammern, die uns Junge belächeln, statt mit uns zu diskutieren, für die das Morgen nicht zählt, weil sie noch immer am Gestern hängen, die Angst vor Fortschritt haben und ihn deshalb verhindern, die meinen, Demokratie sei etwas für eine kleine Gruppe Privilegierter statt für alle; wir rufen es denen entgegen, die keine Lust auf Innovationen haben, die abwarten, was passiert, statt sie zu gestalten, die Zukunft, die uns allen gehört.

KAPITEL 1

Generation What?

Auf der Suche nach dem »Wir«

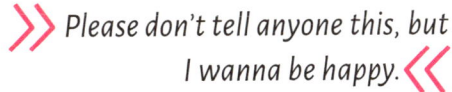

*Please don't tell anyone this, but
I wanna be happy.*

Lena Dunham (*1986) als Hannah in der
US-Serie Girls, Staffel 2, Folge 5

Die Jugend hatte es nie leicht. 24/7 mit der eigenen Identitätskrise beschäftigt, kann sie auch den nachfolgenden Generationen nichts recht machen – das war schon zu Aristoteles' Zeiten so: »Ich habe überhaupt keine Hoffnung mehr in die Zukunft unseres Landes, wenn einmal unsere Jugend die Männer von morgen stellt«, soll der Philosoph gesagt haben, und weiter: »Unsere Jugend ist unerträglich, unverantwortlich und entsetzlich anzusehen.« Das war etwa 384 vor Christus.[2]

Heute, im 21. Jahrhundert, sind die Jungen den Alten zu angepasst, zu harmoniesüchtig, zu faul, zu anspruchsvoll, zu egoistisch, zu spießig oder einfach nicht so ganz geheuer. So suspekt jedenfalls, dass sie den Teil von uns, der zwischen 1985 und 2000 geboren wurde, einfach mit einem Buchstaben bezeichnen, dem »Y«.

Als Generation X bezeichnet man gemeinhin die Post-Babyboomer, und der Buchstabe X symbolisiert eine Haltung der Verweigerung und Widerständigkeit. Das »Y« hingegen hat nur zufällig eine Bedeutung bekommen: Im Englischen wird es »Why« ausgesprochen, was »Warum?« bedeutet und damit passenderweise darauf hinweisen soll, dass diese jungen Leute heutzutage immer alles hinterfragen. Tatsächlich ist das »Y« ein Ausdruck der Ideenlosigkeit. Denn in erster Linie wurde es herangezogen, weil es auf das »X« folgt.

Die nachfolgenden Geburtenjahrgänge, 2000 bis 2015, hat es noch einfältiger erwischt: Sie bekamen kurzerhand ein »Z«. Ohne englische Übersetzung. Einfach des Alphabets wegen. Ein Begriff, der die Zeit bzw. die Gesellschaft beschreibt, in der die entsprechenden jungen Menschen aufgewachsen sind, wie bei den Babyboomern[3] oder der Generation Golf[4], fiel wohl niemandem ein. Dabei wäre zum Beispiel »Generation Krise« ganz passend gewesen, angesichts der katastrophalen Verhältnisse in der Wirtschaft und auf dem Arbeitsmarkt, mit denen wir aufgewachsen sind. Aber dann hätten sich die Alten natürlich eingestehen müssen, dass sie irgendwann, während sie abgefeiert haben, wie gut es ihnen selbst geht, den Karren gegen die Wand gefahren haben.

Die Buchstaben »Y« und »Z« sind völlig nichtssagend, und dazu werden »die Jungen« – egal ob sie nun 1987 oder 2001 geboren wurden – bei jeder Gelegenheit gelabelt – zum Beispiel als Generation Praktikum, Generation Beziehungsunfähig oder Generation Ego. Gemeint ist dabei nie wirklich eine Generation im soziologischen Sinn, sondern nur eine Gruppe unter den Jungen, auf die mal wieder ein Etikett geklatscht wird. Der Begriff »Generation« glättet dabei die verschiedenen sozialen Hintergründe von uns Jungen einfach weg.

Wir sind unterschiedlich gut ausgebildet, leben teilweise in Großstädten, teilweise in der Provinz. Mehr als vier Millionen von uns sind in Deutschland armutsgefährdet. Manche arbeiten schon lange, andere gehen zur Schule oder an die Uni. Einige von uns haben Kinder, andere sind selbst noch welche. Die einen machen schon beim Aufwachen ein Selfie: #wokeuplikethis, happysmiley, Filter Slumber, Snap. Die anderen sind zu Zeiten aufgewachsen, in denen Hornbrillen keine Accessoires für Hipster, sondern eine Zwangsmaßnahme der Augenheilkunde waren, mit der versehen man für immer den Spitznamen Steve Urkel trug.

Obwohl die Alten es gerne so hätten, weil das Schimpfen dann leichter fällt: Wir Jungen sind nicht eine Generation. Wir sind ihnen vielleicht noch nicht begegnet, den großen Themen unserer Zeit, für die einige wenige von uns sich einsetzen und dafür für immer im Gedächtnis der Geschichtsbücher bleiben – wie die sogenannten Achtundsechziger. Und wir sind auch nicht alle aus einer großen Welle der Gebärfreude entstanden – wie die Babyboomer.

Was uns Junge ausmacht: Wir haben in der Regel noch gut zwei Drittel unseres Lebens vor uns, die Zukunft ist für uns voller Träume,

Ziele und Hoffnungen. Die größte gemeinsame Konstante in unseren Leben ist Angela Merkel. Irgendwie war sie immer da, als Kanzlerin oder Kanzlerkandidatin. Einige von uns können sich dunkel an Gerhard Schröder erinnern, dann aber meistens im Zusammenhang mit exzessiven Partys mächtiger Russen oder weil uns seine Photoshop-Fratze breit vom Titel eines Klatschmagazins angrinst.

Auf den ersten Blick haben wir wenig gemeinsam. Deswegen fällt es vielen von uns schwer, sich mit all den anderen Jungen zu identifizieren oder gar ein Wir-Gefühl zu entwickeln. Manchmal wissen wir nämlich nicht so genau, wer wir selbst eigentlich sind. Was kümmern uns da die anderen?

Dieses Kapitel begibt sich auf die Suche nach den Jungen in der Bundesrepublik: Wo und wie leben und arbeiten wir, welche Probleme und Wünsche beschäftigen uns?

Wer ist eigentlich dieses »Wir«?

Gestatten, Minderheit

Man ist immer so jung, wie man sich fühlt. Sich das einzureden beruhigt. Manchmal. Ich bin mir sicher, ein 50-Jähriger kann sich sehr jung fühlen, wenn er zum Beispiel das Amt des US-Präsidenten antritt – wohlwissend, dass er immer noch etwa 20 Jahre jünger ist als manche seiner Mitstreiter und Vorgänger. Ich weiß aber aus eigener Erfahrung, dass man sich oft auch älter fühlen kann, als man ist. Zum Beispiel, als wäre man 70 statt 25, wenn man sich mit seinem Großvater über die besten Maßnahmen zum Überstehen eines Hexenschusses austauscht. Allein deshalb liegt es mir fern, jemandem vorzuschreiben, wie alt er sich fühlen soll.

Betrachten wir die gesamte Bevölkerung, gelten aber diejenigen als »jung« und »der Nachwuchs«, die naturgemäß noch den längsten Teil ihres Lebens vor sich haben. In Deutschland ist das nicht die Mehrheit. 2016 standen dem statistischen Bundesamt zufolge *30 383 299* unter 35-Jährige 35 998 418 über 50-Jährigen gegenüber. Die unter 18-Jährigen machen an der deutschen Bevölkerung einen Anteil von 16 Prozent aus. Diese Zahl ist wichtig, denn sie spiegelt den Anteil derer wider, die zwar jung sind, aber nicht wählen dürfen. Zählt man alle Deutschen unter 30, sind es 30 Prozent, alle unter 35-Jährigen bilden einen Anteil von *36 Prozent der Gesamtbevölkerung*. Dagegen waren 2017 allein 28 Prozent unserer Bevölkerung 60 Jahre oder älter, haben die Vereinten Nationen errechnet. Damit liegt Deutschland übrigens ganz weit vorne im Ranking der grauesten Bevölkerungen der Welt: Nur Japan, Italien und Portugal sehen ähnlich alt aus.[5]

Und da wären wir beim unausweichlichen Thema: dem demografischen Wandel. Ich wollte diesen Begriff vermeiden, ehrlich, aber man kommt um ihn einfach nicht herum. Der demografische Wandel ist sozusagen der Voldemort der Bundesrepublik: der, dessen Name nicht genannt werden darf und von dem keiner so genau weiß, in welcher Ecke er lauert. Trotzdem, jetzt bitte nicht panisch das Buch zuklappen und in die Ecke werfen! Ich mach es auch ganz kurz. Versprochen.

Es ist nicht verwunderlich, dass der Begriff »demografischer Wandel« vielen Deutschen Herzrasen beschert, denn er beinhaltet das Wort »Wandel«, und das steht für Veränderung. Veränderung ist nicht gerade beliebt in der Bundesrepublik, die meisten finden es ganz gut, wenn alles so bleibt, wie es ist. Wie sonst kann man erklären, dass seit 2013 eine Große Koalition den Stillstand verwaltet und Angela Merkel seit nunmehr 13 Jahren über den Status quo wacht?

Jetzt aber erst mal aufräumen mit den Vorurteilen: Für die meisten Menschen bedeutet der demografische Wandel nichts als Fortschritt. Denn er bezeichnet eine neue bevölkerungspolitische Situation – die Veränderung der Altersstruktur, nämlich von »es gibt etwas mehr alte als junge Menschen« hin zu »es gibt deutlich mehr alte als junge Menschen«.

Zunächst einmal heißt das: Die meisten von uns leben länger als ihre Vorfahren. Im Jahr 2020 liegt die wahrscheinliche Lebenserwartung für Frauen bei 84,1, für Männer bei 79,1 Jahren. Noch 1970 durften sich die Deutschen durchschnittlich nur auf ein Leben bis 73,4

Bevölkerungsprognose für 2020

Deutschland

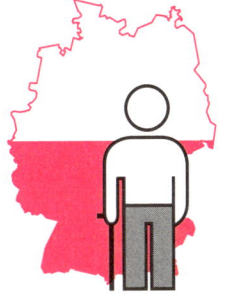

29 440 000 unter 35-Jährige entsprechen 35,7 % der Gesamtbevölkerung.

37 699 000 über 50-Jährige entsprechen 45,8 % der Gesamtbevölkerung.

Laut Vereinten Nationen hat Deutschland nach Japan und Italien die älteste Bevölkerung der Welt. Das Durchschnittsalter liegt 2020 bei 46,6 Jahren.

Niger

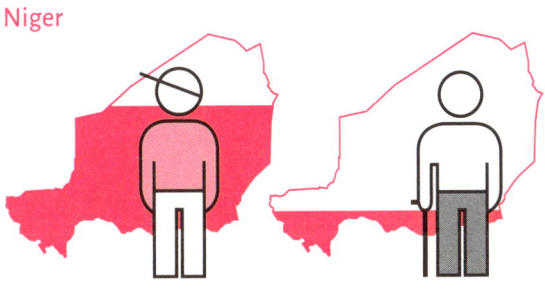

19 357 000 unter 35-Jährige entsprechen 80,4 % der Gesamtbevölkerung.

2 127 000 über 50-Jährige entsprechen 8,8 % der Gesamtbevölkerung.

Laut Vereinten Nationen hat das westafrikanische Land Niger die jüngste Bevölkerung der Welt. Das Durchschnittsalter liegt 2020 bei 15,1 Jahren.

Erde

4 391 969 000 unter 35-Jährige entsprechen 56,3 % der Gesamtbevölkerung.

1 884 802 000 über 50-Jährige entsprechen 24,2 % der Gesamtbevölkerung.

Die Weltbevölkerung wird 2020 durchschnittlich 30,9 Jahre alt sein. Staaten, in denen das Durchschnittsalter ungefähr dem der Weltbevölkerung entspricht, sind Jamaica, Guam, der Libanon, Oman, Kasachstan, die Malediven und Israel.

Quelle: United Nations, Population Division, World Population Prospects, esa.un.og, aufgerufen am 27.4.2018

bzw. 67,2 Jahre freuen.[6] Wir werden also älter! Großartige Neuigkeiten! Bis hierhin war die Veränderung doch zu verkraften, oder?

Der demografische Wandel, der uns in Deutschland übrigens nicht bevorsteht, sondern längst erwischt hat, ist auch auf die Gebärfreudigkeit verschiedener Jahrgänge zurückzuführen. Während es keine Generation gibt, die so groß ist wie die unserer Eltern, die »Babyboomer«, mit 1,4 Millionen Geburten allein im Jahr 1964, haben ebendiese Rekordkinder nicht so viel Freude an Fortpflanzung empfunden wie ihre eigenen Eltern. Das hat mit der Verbreitung der Antibabypille zu tun, aber auch damit, dass es einfach nicht mehr so attraktiv war, viele Kinder zu bekommen. Der erste Tiefpunkt des Geburtenrückgangs war Mitte der Achtzigerjahre erreicht, und auch in den folgenden Jahren war an einen Geburtenboom nicht mehr zu denken.[7] Und genau da, in diesen Jahrgängen mit unter einer Million Geburten, sind wir zu finden: die Enttäuschung der BevölkerungswissenschaftlerInnen, der Schrecken der Rentenkasse, die Folge der modernen Lebensführung, und aufgrund der sorgfältigen Abwägung unserer Eltern darüber, ob sie uns haben wollen oder nicht, wohl auch die am besten umsorgten Kinder, die die Bundesrepublik je gesehen hat. Ja, das sind wir, gestatten: die U35er, die kleinste Wählergruppe des Landes.

Weil wir so wenige sind, tendieren wir dazu, uns zu anderen Mitgliedern unserer Minderheitengruppe zu gesellen. Auf diese Weise konnten wir einige Orte der Landkarte doch noch für uns gewinnen. Trotzdem: Die jüngsten Städte sind im Durchschnitt immer noch *39,8 bzw. 39,9 Jahre* alt – es sind die Universitätsstädte *Freiburg und Heidelberg*.

Rund achtundzwanzig Prozent der Bevölkerung in Freiburg sind unter fünfundzwanzig, nur 21,4 Prozent sind über 60 Jahre alt.[8] Platz drei und vier der jüngsten Städte und Kreise nach Freiburg und Heidelberg belegen die niedersächsischen Orte Vechta und Cloppenburg – beide zu groß, um eine Kleinstadt, zu klein, um eine Großstadt zu sein. Zu den Top Ten der jüngsten Orte Deutschlands gehören übrigens auch die Städte *Trier, Frankfurt am Main, Münster, Darmstadt und Offenbach am Main*. Generell finden sich viele junge Menschen in Universitätsstädten, weshalb auch in *Regensburg, Erlangen und Eich-*

stätt das Durchschnittsalter relativ niedrig ist. Außerdem beliebt bei jungen Leuten: das Einzugsgebiet von München – in Freising beträgt das Durchschnittsalter 40,5, in Erding 41,3 Jahre.

Und bevor hier jemandem der Gedanke kommt, die Jugend von heute lebe allein in den Städten: Auch in der Provinz gibt es einige bei den Jungen beliebte Regionen: Teile Bayerns, Baden-Württembergs und des Nordwestens zum Beispiel – Regionen, also, in denen es ein gutes Angebot an Bildungseinrichtungen und Arbeitsplätzen gibt. Das zeigt sich auch beim Vergleich des Altersdurchschnitts der Bevölkerung der einzelnen Bundesländer: Am »jüngsten« sind die Stadtstaaten sowie die Bundesländer mit der größten Wirtschaftskraft. Die ersten beiden Plätze belegen *Hamburg und Berlin* mit einem Durchschnittsalter von *42,3 bzw. 42,7*, dicht gefolgt von *Baden-Württemberg, Bayern, Hessen, Bremen und Nordrhein-Westfalen*, deren Bevölkerung ebenfalls noch jünger ist als der landesweite Durchschnitt von 44,2 Jahren.[9]

Das Bundesland mit der ältesten Bevölkerung hingegen ist Sachsen-Anhalt (47,4 Jahre). Dort liegt auch Dessau-Roßlau – mit 49,5 Jahren die Stadt mit dem höchsten Durchschnittsalter. Fast 30 Prozent der Bevölkerung sind hier 65 oder älter, während nur 12,8 Prozent unter 18 Jahren sind. Ebenfalls zu den ältesten Städten bzw. Gemeinden Deutschlands zählen der Landkreis Altenburger Land (49,39) und die Stadt Suhl (49,13) – beide in Thüringen.[10]

Die jüngste Bevölkerung Deutschlands haben die Städte Heidelberg und Freiburg. Die »jüngsten« Bundesländer sind Hamburg und Berlin. Am ältesten ist die Bevölkerung in Dessau-Roßlau.

Es lässt sich nicht pauschal sagen, dass die Jungen alle weg vom Land und rein in die Städte ziehen. In einer Leserumfrage des Jugendportals *ze.tt* stimmten 68 Prozent der rund 3 600 Teilnehmer für »Raus in die Natur und das Landleben genießen!«. Nur 17 Prozent klickten »Auf in das Großstadtgetümmel!« an. Der Rest konnte sich nicht entscheiden.[11]

Die Beweggründe, ob man in der Provinz, in der Metropole oder irgendwo dazwischen wohnt, sind unterschiedlich. Ich persönlich bin auf dem Land aufgewachsen. Mein Heimatdorf hat weniger als 300, die gesamte Gemeinde knapp über 3 000 Einwohner. Als ich Schülerin war, gab es für gewöhnlich zwei Einschulungsklassen mit jeweils 17 bis 30 SchülerInnen. In der Grundschule nahm ich Flötenunterricht bei meiner Religionslehrerin, für den Keyboardunterricht später mussten meine Eltern und die meiner Freundin eine Fahrgemeinschaft in die nächste Kleinstadt bilden. Wollte man sich sportlich betätigen, konnte man sich für Fußball oder Tennis entscheiden – wenn man ein Junge war. Für Mädchen gab es nur Letzteres. Als ich auf das Gymnasium wechseln wollte, hatte ich die Wahl zwischen dem in der nächsten Kleinstadt und dem in einer Stadt, an deren Nahverkehr mein Dorf keinen direkten Anschluss hatte. Ich wählte den praktischeren Weg: zwölf Kilometer in die nächste Kleinstadt, der Bus fuhr dreimal am Tag. Spätestens in der Kollegstufe hatte man keine Chance, den Stundenplan mit dem Fahrplan des öffentlichen Nahverkehrs zu vereinen. Man brauchte ein Auto oder FreundInnen mit einem Auto und demselben Schicksal. Das galt auch für Wochenendbeschäftigungen: Wer keinen Führerschein hatte, brauchte fahrfreudige Eltern oder FreundInnen, um zum Einkaufen, ins Schwimmbad oder zum Feiern zu kommen. Mir war das zu eng, ich wollte raus in die Stadt. Ich zog zum Studium nach Erlangen, für Praktika nach Hamburg und New York, zum Arbeiten nach Berlin. Und die Provinz fehlte mir nie.

Viele meiner ehemaligen MitschülerInnen zog es zum Arbeiten oder Studieren auch in die Stadt – die meisten nach München, einige nach Würzburg, die nächstgelegene Universitätsstadt. Viele hatten sich jahrelang nach dem Leben in der Stadt gesehnt: dem Kulturangebot, den vielen Jobmöglichkeiten, Nahverkehr nach 19 Uhr, Bars, in denen man nicht schon jedes Gesicht am Tresen kannte. Für andere war die Stadt nur eine notwendige Übergangsphase für die Ausbildung, bevor es zurück ins Heimatdorf geht.

Pro Land

Tobi ist Anfang 30 und hat sein ganzes Leben im selben Dorf verbracht. In den Vereinen, in die er als Kind eingetreten ist, wirkt er mittlerweile als Vorstand. Bei dem Betrieb in der nächsten Kleinstadt, bei dem er als Jugendlicher seine Ausbildung machte, arbeitet er noch heute. Was hält ihn als jungen Menschen hier in der Provinz, wo es nicht einmal ein Kino oder eine Imbissbude gibt? »Die Dorfgemeinschaft«, erklärt er lächelnd. Langweilig wird ihm nie, und er liebt es, jeden in seinem Umfeld zu kennen.

Julia fand ihren ersten Job nach dem Studium in einer Großstadt 130 Kilometer von ihrem Heimatdorf entfernt. Jede Woche, manchmal sogar mehrmals, nahm sie die zweistündige Autofahrt in ihre alte Heimat auf sich, um im Musikverein Klarinette zu spielen – so wie sie es tat, seit sie Grundschülerin war. Sobald sie einen Partner und einen Job in der Nähe ihrer Heimat fand, zog sie zurück.

Anna ist ein Dorfkind. Einen Ausbildungsplatz fand sie in der nächsten Großstadt, circa 40 Kilometer von ihrer Heimat entfernt. Als sie von ihrem Arbeitgeber übernommen wurde, zog sie mit einer Freundin in die Stadt. »Es war toll, einfach feiern gehen zu können, ohne eine/n Fahrer/in zu brauchen, nach der Arbeit noch schnell shoppen zu gehen und abends um zehn einen Döner zu essen«, schwärmt sie. Einige Jahre später baute sie ein Haus in einem 1 000-Einwohner-Dorf und gründete eine Familie. »Ein Kind in der Stadt großziehen möchte ich nicht. Da gefällt es mir im Dorf besser: Man findet schnell Anschluss, die Vereine stellen viel auf die Beine, und bei Dorffesten kommen alle zusammen. Man kennt jeden, das ist toll.«

Dem Jugendmagazin *ze.tt* erzählte die 27-jährige Christina, wie sie vom 20 000-Einwohner-Dorf Uetze nach Hannover und von dort nach Berlin gezogen ist, um von der künstlerischen Szene und der Anonymität der Stadt zu profitieren. Doch dann beschloss sie, in eine Kleinstadt nach Brandenburg zu ziehen. »Meine Entscheidung wuchs ... nicht unbedingt aus den positiven Erinnerungen an Uetze«, erzählt die Bildhauerin, »sondern aus einem ganz natürlichen Bedürfnis nach Natur. Ich habe genug von Lärm, Dreck und Armut. Zudem möchte ich Geld sparen.«[12]

Pro Stadt

Kathi wuchs in einem 300-Seelen-Dorf in Bayern auf. Obwohl sie in Vereinen verwurzelt war und nach der Ausbildung eine feste Arbeitsstelle in der nächsten Kleinstadt bekommen hat, war sie neugierig auf andere Orte. Sie holte ihr Abi nach, begann ein Studium in der Stadt, verbunden mit Praktika in anderen mittelgroßen Städten. Doch ihr Freund konnte ihren Wunsch nicht nachvollziehen, wollte auf dem Land bleiben. Das Paar trennte sich, Kathi zog mit Mitte 20 allein in die Großstadt. »Ich kann mir nicht mehr vorstellen, auf dem Land zu leben«, erzählt sie heute, »jeder kennt jeden und mischt sich in die Angelegenheiten der anderen ein. Ich bin froh, dass in der Stadt alle ihr Ding machen.«

Angelika hätte es so einfach haben können: Das Elternhaus in einer Kleinstadt nahe der Universitätsstadt, 40 Minuten Fahrtweg zum Vorlesungssaal, keine Kosten für Bett und warme

Mahlzeiten. Doch sie entschied sich trotzdem dafür, sich ein Wohnheimzimmer in der Großstadt zu suchen. So konnte sie ihr Studentinnenleben richtig genießen – feiern, ausschlafen, sich mit FreundInnen in Cafés treffen. Und fürs Essen gab's ja die Mensa.

Laura ist mit 18 von der Provinz in die Großstadt gezogen: »Zum Studieren hatte ich natürlich erst mal keine andere Wahl, als in die Stadt zu ziehen. Aber ich wollte auch endlich flexibel sein – mit den öffentlichen Verkehrsmitteln alles erreichen, statt ein Auto kaufen zu müssen oder immer einen Fahrer zu organisieren. Ich genieße auch das kulturelle Angebot – Poetry Slams besuchen oder sich spontan abends mit FreundInnen in einer Bar treffen. In der Stadt ist einfach mehr los.«

Pisa, Bologna, Iglu:
Was wurde uns da eingebildet?

Ob Großstadt, Kleinstadt oder Provinz – solange man sich noch in der Schullaufbahn befindet, hat man ohnehin selten die Wahl. Zumindest für Minderjährige entscheiden die Eltern. Und während über den Wohnort in der Regel die eigene Familie bestimmt, sind Kinder und Jugendliche ihre gesamte Schulzeit lang ständig den Entscheidungen irgendwelcher Erwachsener ausgeliefert: Von Lerninhalten über Schulwechsel bis hin zur Müsliriegelauswahl am Imbissautomaten bestimmen Alte, was die Sprösslinge oder die Sprösslinge der Sprösslinge zu tun haben. Die Kultusministerkonferenz zum Beispiel entscheidet über Ferienzeiten, Rechtschreibreformen und den Grad der Vergleichbarkeit der Bildungsabschlüsse in den Bundesländern. Im Juni 2018 war diese Zusammenkunft von derzeit 35 MinisterInnen durchschnittlich 51,5 Jahre alt. Das jüngste Mitglied war 40, das älteste Mitglied 66 Jahre alt.[13] Die Mitwirkung von Personen, deren Schulabschluss weniger als 20 Jahre her ist: Fehlanzeige. Die gewählten SchülerInnenvertretungen haben in Deutschland keinen vergleichbaren Einfluss auf Debatten und Entscheidungen.

Das Bildungssystem setzt den Rahmen für die Lebenswelt unserer Jugend. Nirgendwo verbringen Jugendliche mehr Zeit als in der Schule. Dort ist alles geregelt: Stundenpläne, Ferienzeiten, große Pause, kleine Pause. Und doch könnte das Leben chaotischer als zwischen Pausenhof und Klassenzimmer kaum sein. G8 oder G9, M-Zug, Übergangsklasse oder Mittelschule, Fächer mit so rätselhaften Namen wie HSK, HSU, WTG und GU.

Nach der Schule geht es genauso unübersichtlich weiter: Bachelor, Master, Staatsexamen, Magister, Diplom oder Bakkalaureus, Studiengebühren ja, dann wieder nein. Und diese Verwirrungen basieren lediglich auf meinen persönlichen Erfahrungen in einem einzigen Bundesland – Bayern. Was SchülerInnen in ganz Deutschland ständig begegnet und widerfährt, sind Einrichtungen und Konzepte, die sich Erwachsene ausgedacht haben. Natürlich nur zu unserem Besten – und zugunsten eines besseren Abschneidens in internationalen Vergleichsstudien, mit denen das Bildungschaos seinen Lauf nahm.

Dass die deutsche Bildungslandschaft so unübersichtlich ist, hat auch mit den verschiedenen bildungs- und familienpolitischen Rahmenbedingungen in den Bundesländern zu tun, mit denen sich die Familien zurechtfinden müssen. Schon bei der Art der Betreuung von Kleinkindern zeigen sich deutschlandweit enorme Unterschiede. Während in Brandenburg, Mecklenburg-Vorpommern, Sachsen und Thüringen 2017 mehr als die Hälfte der unter Zweijährigen in einer Krippe oder Kita betreut wurden, waren es in Baden-Württemberg, Bayern, Bremen, Niedersachsen, Nordrhein-Westfalen und dem Saarland weniger als 30 Prozent. Im Kindergartenalter sind die Unterschiede nicht mehr ganz so gravierend. Dennoch zeigt sich: Während in Bremen nur 87,5 Prozent der Drei- bis Fünfjährigen in einer Kindertagesbetreuung untergebracht waren, waren es in Baden-Württemberg, Mecklenburg-Vorpommern, Rheinland-Pfalz, Sachsen und

Thüringen über 95 Prozent. Insgesamt gingen in Deutschland 2017 rund 93 Prozent der Drei- bis Fünfjährigen in den Kindergarten.[14]

Ist der Eintritt ins Schulsystem erst einmal geschafft, stehen die SchülerInnen – außer in Berlin und Brandenburg – schon in der vierten Klasse, also circa mit zehn Jahren, vor der Frage, auf welche weiterführende Schule sie gehen wollen beziehungsweise dürfen oder müssen. Der Armuts- und Reichtumsbericht der Bundesregierung zeigt, wie diese Entscheidung im Schuljahr 2010/11 ausfiel: Von allen SchülerInnen der fünften Klasse gingen

44,3 Prozent auf ein **Gymnasium**,
30,4 Prozent auf eine **Realschule**,
17 Prozent auf eine **Hauptschule**,
1,4 Prozent auf eine **Förderschule**.

Dass sich diese Entscheidung – ob sie nun von den SchülerInnen selbst, ihren Eltern oder Lehrkräften getroffen wurde – vom Bildungshintergrund der Eltern ableiten lässt, zeigen die folgenden Zahlen: 84 Prozent der Kinder, deren Eltern beide die Hochschulreife besitzen, besuchen in der fünften Klasse ein Gymnasium. Haben die Eltern hingegen beide kein Abitur, schaffen nur 31 Prozent der Kinder den Übertritt aufs Gymnasium.[15] Dieses Muster zieht sich durch die schulischen Karrieren hindurch. Die Abschlüsse, mit denen die Jugend in Deutschland ihre Schullaufbahn beendet, passen zu den Übertrittszahlen in der fünften Klasse.

Im Jahr 2016 haben von allen 15- bis 35-Jährigen rund

40 Prozent die **Fachhochschul- oder Hochschulreife**,
26 Prozent den **Realschulabschluss** oder einen gleichwertigen Abschluss,
15 Prozent einen **Hauptschul- oder Volksschulabschluss** erreicht.
Rund **3** Prozent blieben **ohne allgemeinen Schulabschluss**.

13 Prozent der 15- bis unter 35-Jährigen gingen 2016 noch zur Schule.[16]

Der Abschluss der Eltern bestimmt also maßgeblich den schulischen Lebensverlauf der Kinder mit. Diese Entwicklung macht selbst beim Verlassen der Schule nicht halt: Ganze 66 Prozent der Studierenden stammen aus einem AkademikerInnenhaushalt, während nur 24 Prozent der Studierenden aus Elternhäusern kommen, in denen mindestens ein Elternteil einen Realschulabschluss erlangt hat. Neun Prozent der Studierenden haben Eltern, deren höchster Bildungsabschluss der Volks- oder Hauptschulabschluss ist – und nur ein Prozent der Studierenden stammt aus einem Elternhaus, in dem kein Elternteil über irgendeinen Schulabschluss verfügt.[17] Wie undurchlässig das Bildungssystem in Deutschland ist, zeigen auch Zahlen der Organisation für Wirtschaftliche Zusammenarbeit und Entwicklung (OECD): Nur 24 Prozent der Erwachsenen verfügen hierzulande über ein höheres Bildungsniveau als ihre Eltern. Im OECD-weiten Durchschnitt sind es immerhin 38 Prozent.[18]

Dass das deutsche Bildungssystem in internationalen Vergleichen oft zu den Verlierern oder zum unteren Durchschnitt gehört, wissen wir Jungen nur allzu gut. Schließlich müssen wir die panischen Reaktionen der Alten auf die schlechten Rankings ausbaden. Langfristig verbessert wird allerdings wenig – wohl auch, weil diejenigen, die direkt betroffen sind (Hallo, ja, hier, auf der Schulbank!) in der Regel nicht mit einbezogen werden. Hätte man sich ernsthaft damit auseinandergesetzt, was SchülerInnen eigentlich zugemutet – oder verweigert – wird, hätte man auch die letzte Blöße nicht ganz so schockiert aufgenommen: Die Internationale Grundschul-Lese-Untersuchung, kurz IGLU, hat im Dezember 2017 gezeigt, dass rund ein Fünftel der ViertklässlerInnen in Deutschland so schlecht lesen kann, dass ihm in Zukunft massive Probleme beim Lernen drohen. Insgesamt durfte sich Deutschland beim Vergleich der Lesekompetenz der ViertklässlerInnen über eine Bewertung im Mittelfeld freuen – immerhin gleichauf mit Österreich, Slowenien, der Slowakei und Tschechien. Überholt haben uns hingegen unter anderem Polen, Ungarn, Lettland, Litauen, Bulgarien, Italien, die USA, Russland und Singapur.

Erste Reaktion auf diese Zahlen war mal wieder ein Fingerzeig auf die Flüchtlingskinder: Weil sie die Sprache noch nicht gut beherrschten, hätten sie doch sicherlich im Lesetest schlechter abgeschnitten. Dabei zeigen die Ergebnisse vor allem die Schwächen des Bildungssystems auf – und die abnehmende Vorlesezeit, die Kinder zu Hause bei ihren Eltern erfahren.

Für die Studie wurden Lehrkräfte dazu befragt, wie viel Zeit eigentlich dem Deutsch- bzw. Sprachunterricht gewidmet wird. In der Woche seien es deutschlandweit durchschnittlich 373 Minuten. Der OECD-Mittelwert für Sprachunterricht liegt bei 406 Minuten. Deutschland ist hier eindeutig auf den unteren Rängen zu finden – selbst der EU-Durchschnittswert liegt noch über dem deutschen, nämlich bei 384 Minuten. Berechnet man die Lesezeit für das gesamte Schuljahr – und über Fächergrenzen hinweg –, kommt Deutschland auf 90 Stunden Leseunterricht, im Vergleich zum internationalen Mittelwert von 160 Stunden. In einer deutschen vierten Klasse liegt der Anteil des Leseunterrichts am Gesamtunterricht bei 11 Prozent – nur sechs andere Staaten, die an der Studie teilnahmen, können das unterbieten.[19]

Keine Zeit zum Lesen, aber schon in der ersten Klasse Französisch, wie bei der Tochter meiner Freundin Kristina. Begründung dieses Grundschulfachs: Indem die Kinder als Erstes eine in Grammatik und Aussprache komplizierte Fremdsprache wie Französisch lernen, hätten sie es später leichter im Englischunterricht. Aha. Das deutsche Bildungssystem ist seltsam.

Dazu passend: Die vor jeder Wahl anstehende Debatte über die Politikverdrossenheit der Jugend bei gleichzeitig permanenter Abwesenheit der politischen Bildung im Unterricht. Der Sozialwissenschaftler Reinhold Hedtke, Jahrgang 1953, beklagt sogar eine »Kultur der Missachtung der politischen Bildung«. Na, wie kommt er denn darauf? Allen Alten ist es doch immer so wichtig, dass die Jungen erst einmal lernen, was Politik ist, bevor sie ihr Kreuz auf einem Wahlschein machen dürfen. Politische Bildung kann also gar nicht missachtet werden. Oder?

Tatsächlich lernt man in der Schule über Politik: fast nichts. Am schlimmsten sind laut Hedtke die bayerischen Gymnasien: mit einer Unterrichtsstunde Sozialkunde pro Woche – aber hey, immerhin über ein ganzes Schuljahr verteilt. Das reicht ja wohl, um zu verstehen, wo man sein Kreuz macht? Länder wie Schleswig-Holstein und Nordrhein-Westfalen haben es der Studie zufolge immerhin geschafft, fast die achtfache Stundenzahl für politische Bildung freizuschaufeln. Doch auch diese augenscheinliche Wohltat ist mit Vorsicht zu genießen: In NRW zum Beispiel falle beim genauen Studieren des Lehrplans auf, dass in Sozialkunde eigentlich viel mehr Wirtschaft als Politik unterrichtet werde.[20]

Mit Ruhm bekleckern kann sich in Bezug auf politische Bildung in der Schule keines der 16 Bundesländer. In Berlin setzten sich die SchülerInnenvertreter zuletzt massiv für ein eigenständiges, benotetes Schulfach Politische Bildung in den Klassen sieben bis zehn ein. Die Bildungssenatorin Sandra Scheeres, Jahrgang 1970, nahm sich der Forderung an. Doch viel übrig geblieben ist vom Wunsch der SchülerInnen nicht: Die Berliner Schulen dürfen jetzt wahlweise beim Fach Ethik, Geschichte oder Geografie eine Unterrichtsstunde abzwacken, in der dann Politik unterrichtet wird. Dafür sollen die SchülerInnen dann eine »Teilnote« bekommen. Eine Stundenerhöhung ist nicht geplant – genauso wenig wie motivierte LehrerInnen. Die SchülerInnenvertreter mussten im Zuge dieser Debatte lernen, wie stark die Eigeninteressen der FachlehrerInnenverbände sind. Für gute politische Bildung werden die SchülerInnen wohl weiterhin selbst sorgen müssen.[21]

Einer, der sich jetzt Demokratiebildung auf die Fahnen geschrieben hat, ist der neue Chef der Kultusministerkonferenz Helmut Holter, Jahrgang 1953, aktuell Kultusminister in Thüringen, einem der Bundesländer, in denen es um politische Bildung in der Schule am schlimmsten bestellt ist. Er hat für seine Präsidentschaft den Schwerpunkt Demokratieerziehung gewählt und möchte dazu »Standards diskutieren« und »Empfehlungen auf den Tisch legen«.[22]

Die aktuelle Situation unseres Bildungssystems ist bitter – und wir haben noch kaum über Chancengerechtigkeit, marode Gebäude, fehlende PädagogInnen und andere Überraschungen gesprochen.

Dabei waren die Mängel schon vor Jahren der breiten Öffentlichkeit bekannt! Der viel diskutierte PISA-Schock basierte auf Daten, die im Jahr 2000 unter 15-Jährigen an den Schulen der OECD-Staaten erhoben wurden. Zu dieser Zeit besuchte ich die achte Klasse eines bayerischen Gymnasiums, das sich mit seinem angeblich hervorragenden naturwissenschaftlichen Unterricht schmückte. Mein Interesse galt zwar eher den Sprachen und Gesellschaftswissenschaften. Doch obwohl sich mir der enge Zusammenhang der romanischen Sprache mit Algebra bis heute nicht erschließt, nahm ich in der siebten Klasse mit der Entscheidung für Französisch und gegen Latein in Kauf, für den Rest meiner Schultage dem mathematischen Zweig zugeordnet zu werden. Die Folge: ein paar Stunden mehr Mathe pro Woche, dafür eine Fremdsprache, deren MuttersprachlerInnen nicht alle schon seit 700 Jahren tot sind.

Doch auch wenn auf SchülerInnen wie uns sicherlich alle PISA-Hoffnungen lagen, um im internationalen Ranking gut bis sehr gut abzuschneiden, konnten wir, die in den Genuss des Unterrichts dieser naturwissenschaftlichen Musterschule gekommen waren, den Erwartungen nicht gerecht werden. Ich erinnere mich nicht mehr konkret an einzelne Tests, aber sehr wohl daran, dass sie, sobald sie nicht mit Aufgaben unserer KlassenlehrerInnen bestückt waren, so schlecht ausfielen, dass wir bettelten, die Ergebnisse nicht in die Benotung, und wenn, dann bitte, bitte, nur in die mündliche einfließen zu lassen.

Die Ergebnisse der »internationalen Vergleichsstudie« PISA in den Bereichen Lesen, Naturwissenschaften und Mathematik jedenfalls waren unterirdisch. Erstmals veröffentlicht wurden sie Ende 2001 von der OECD. Und eine Sache sprang da sofort ins Auge: Das Abschneiden von Deutschlands SchülerInnen war in allen Bereichen unterdurchschnittlich.

Schon damals übrigens eine große Schwäche: das Lesen. Etwa 20 Prozent des untersuchten Altersjahrgangs wurden der Gruppe »schwache« oder »schwächste« Leser zugeordnet. Die Studie betonte, dass neben der Schweiz Deutschland die größten Unterschiede in der Lesekompetenz von Jugendlichen aus höheren und denen aus niedrigeren Sozialschichten aufweist. Auch in der mathematischen Grundbildung waren die deutschen SchülerInnen unterdurchschnittlich und fanden sich auf ungefähr demselben Niveau wie ihre AlterskameradInnen aus Ungarn und Russland. Alarmierend: Der Anteil der 15-Jährigen, deren mathematische Fähigkeiten nicht über das Rechnen auf Grundschulniveau hinausreichten, lag bei 25 Prozent. Und schließlich die dritte Kategorie – und die liebste meines alten Gymnasiums: naturwissenschaftliche Grundbildung. Auch hier hatte es Deutschland nicht einmal in die Durchschnittsgruppe geschafft. Lediglich in einem Bereich erreichte Deutschland den unrühmlichen ersten Platz: In keinem anderen Land war der Zusammenhang zwischen Bildungserfolg und sozialer Herkunft enger als hier.[23] Der Schock saß tief, die Leidtragenden waren wir SchülerInnen – und zwar über viele Jahre.

Dass es bei allen Reformen, die sich die Politik für das Bildungssystem ausdenkt, selten um die SchülerInnen selbst oder um Lerninhalte, sondern vor allem ums Abschneiden im Vergleich mit irgendwem geht, zeigen beispielhaft die wohl bekanntesten Reformpakete der letzten beiden Jahrzehnte: G8 und Bologna. An beiden bin ich persönlich gerade so vorbeigeschlittert – dafür habe ich aber ein bisschen was von Bologna großzügig mit ein paar Jahren Studiengebühren finanziert – bitte, gerne doch.

Die Schulzeit an Gymnasien von neun auf acht Jahre verkürzen – das fanden viele Landesregierungen toll. Auch in Bayern hatte man sich diese Reform in den Kopf gesetzt und sie auf landestypische Weise durchgesetzt: Warnungen von ExpertInnen? Zweitrangig. Massenhafter Protest aus der Bevölkerung? Pah – war da was? Die damalige Landesregierung unter Edmund Stoiber entschied, dass die Verkürzung nun mal nötig sei, da bereits 90 Prozent der SchülerInnen in Europa im Alter von 18 Jahren auf den Arbeitsmarkt strömten. »Wir wollen keine Nachteile für bayerische Schülerinnen und Schüler«, sagte der damalige Ministerpräsident.[24] Deswegen war keine Kritik zugelassen, dalli, dalli sollte es gehen, mit einer ordentlichen Übergangsfrist nur für private und kommunale Schulen, nicht aber für die 300 staatlichen Gymnasien in Bayern.

Ein Jahr Schule, etwa 33 Stunden pro Woche – mit einem einzigen administrativen Akt weggestrichen. Lehrplan- und Prüfungsänderungen, neue Fahrpläne für den Nahverkehr aufgrund der längeren Unterrichtszeiten, Mensaessen für die vielen SchülerInnen, die jetzt den ganzen Tag in der Schule verbringen mussten – kann man alles noch im Nachhinein klären. Hauptsache, der Staat kann ein Jahr früher von der Arbeitskraft seiner Jugend profitieren. Vielleicht. In Bayern – und im Vergleich mit den anderen Bundesländern hat der Freistaat hier mal wieder einen Rekord gebrochen – war die Durchfallquote beim Turbo-G8-Abi 2011 dreieinhalbmal so hoch wie beim parallel abgeprüften letzten G9-Abi.[25]

Und selbst wenn es die AbiturientInnen mit Fuß auf dem Gaspedal – den Führerschein gab es in der Zwischenzeit ja auch schon ab 17 – geschafft hatten, erfuhren sie zumindest in der Schule nicht, was sie nun mit dem einen gewonnenen Jahr anfangen sollten. Wie die McDonald's-Ausbildungsstudie 2015 zeigt, fühlte sich nicht einmal die Hälfte der SchülerInnen ausreichend über berufliche Perspektiven informiert.

Dann also erst mal studieren? Irgendwas? Auch nicht so einfach. Da ist ja immer noch der Numerus Clausus, bei dem es meist ausschließlich um den nominalen Abischnitt geht. In welchen Bundesländern die KandidatInnen ihr Abitur gemacht haben, spielt keine Rolle.[26] Auch wenn ich als Abiturientin noch blauäugig glaubte, dass die Universitäten, an denen ich mich bewarb, berücksichtigen würden, dass mein bayerisches Abitur viel schwerer gewesen ist als das der BewerberInnen aus Berlin.

Mit 19 hat man noch Träume. Doch wer mit seiner Abiturnote einen Studienplatz ergattern konnte, mit dem er auch halbwegs etwas anzufangen wusste, durfte im Jahr 2011 in Bayern den Clash der Monsterreformen live miterleben. Dem mit harter Hand erzwungenen G8 zum Dank klopfte ein doppelter Abiturjahrgang an die Universitätstüren. Die Hochschulen wiederum waren nicht nur unvorbereitet auf den Ansturm, sondern selbst noch mit einem eigenen unbändigen Reform-Biest beschäftigt: Bologna.

Auch Bologna diente dem Zweck – na, wer kommt drauf? – der

internationalen Wettbewerbsfähigkeit. Studierende sollten europaweit (inzwischen haben sich dem Prozess 47 Staaten angeschlossen) gleichermaßen früh auf den Arbeitsmarkt entlassen werden und leichter an anderen europäischen Hochschulen studieren können. Dafür sollten ihre Abschlüsse vergleichbar und Europa als Hochschul- und Forschungsraum attraktiv werden. Die Instrumente dafür: Abschlüsse namens Bachelor und Master und ein europaweit geltendes Bewertungssystem (ECTS-Punkte) statt Notenscheine, um nur die wichtigsten zu nennen. Auch bei dieser Reform war unklar, wie die Umsetzung aussehen könnte. An vielen Universitäten hatte man das Gefühl, dass alles beim Alten blieb – nur mit neuem Namen. Die ersten Bachelorjahrgänge besuchten dieselben Lehrveranstaltungen wie ihre Magister- und DiplomkollegInnen. Und so dümpelte das alte System heimlich, still und leise vor sich hin – bis zum großen Clash 2011. Den doppelten Abiturjahrgang ließen die Hochschulen einfach erst mal rein – um die Erstsemester dann wieder auszulagern. In Sporthallen zum Beispiel, wo fortan Vorlesungen live aus den überfüllten Universitätssälen auf Leinwände übertragen wurden. Praktisch, denn dort, auf dem stinkenden Abdeckboden, wohnten bereits einige Erstsemester, da nicht nur die Universitäten, sondern auch die Städte, in denen sie sich befanden, ausgelastet waren.

Qualität der Hochschullehre? Würdevolles Wohnen? Zu jung für die Erstsemesterparty? Alles egal – Hauptsache, wir haben jetzt unseren ersten Hochschulabschluss schon mit 20 in der Tasche. Auf den Arbeitsmarkt strömten die ersten Bachelorjahrgänge übrigens auch in doppelter Masse. Und das in einer Zeit, in der sich die Wirtschaft noch nicht von den Folgen der Finanzkrise erholt, sondern vor allem prekäre Jobs zu bieten hatte. Weiterstudieren, »den Master machen«, war für viele keine Lösung, denn sie wurden einfach nicht zugelassen. Es gab zu wenige Plätze.

Uns Junge setzte das alles ganz schön unter Druck. Die McDonald's-Ausbildungsstudie von 2015 hat herausgefunden, dass die Verkürzung der Gymnasialzeit von neun auf acht Jahre für viele SchülerInnen und LehrerInnen erhebliche Mehrbelastungen mit sich gebracht hat. 61 Prozent der 15- bis 24-Jährigen bevorzugen nach wie vor das G9.[27] Wie gut, dass 2018 die Abschaffung wieder auf dem Programm steht. Kommando zurück, es war eine Katastrophe, aber wie toll, dass wir es ausprobiert haben.

Kein Bildungswahnsinn kann zu Ende erzählt sein, ohne sich noch einmal kurz auf Neuland zu begeben. Richtig, die Rede ist vom uns allen fremden, aber einigen älteren Intellektuellen zufolge ohnehin absolut überbewerteten sogenannten Internet. Der Umgang damit im Bildungssystem ist so traurig, dass man alles, was bisher zu diesem Thema passiert oder nicht passiert ist, eigentlich gar nicht in Worte fassen möchte. Deshalb nur ein paar Highlights: Die Kultusministerkonferenz hat einen Plan für die Digitalisierung an Schulen, auf den sie sehr stolz ist: Sie verspricht allen Schulen Zugang zum Netz – bis 2021. Noch ein Highlight gefällig? Claudia Bogedan, Jahrgang 1975, ehemalige Vorsitzende der Kultusministerkonferenz, spricht in einem Interview mit dem Deutschlandfunk im Dezember 2016 (!) davon, dass »wir« (= die Kultusministerkonferenz) die Lehrkräfte »fit machen können fürs 21. Jahrhundert«.[28] Ist ihr da etwas entgangen? Selbst als wir im Jahr 2000 das »Millennium« feierten, gab es schon Computer und lustig quietschende knallfarbene Modems, vor denen man Angst hatte, weil die Welt hätte untergehen könnte, wenn sie nicht verstanden hätten, dass nach 1999 2000 kommt. Das 21. Jahrhundert wurde vor über 18 Jahren eingeleitet. Frau Bogedan ist etwas spät dran. Ganz wie die ehemalige Bildungsministerin Johanna Wanka, Jahrgang 1951, die erst zum Ende ihrer Amtszeit aus einer Salzstarre zu erwachen schien, im Bundestagswahlkampf 2017. Da ging es dann auf einmal um den Digitalpakt Schule, der ihr zufolge – keine Ahnung, was das genau ist, wann und wie, aber ganz sicher irgendwann – kommen wird.[29]

Mit PISA läuft es übrigens wieder besser. Im Lesen und in Mathe gehörten wir 2012 und 2015[30] endlich zum Mittelfeld.[31]

»Denken Sie groß« – und dann träumt weiter

Es gibt zwei berühmte Versprechen, mit denen wir Jungen aufgewachsen sind. Das eine galt schon für unsere Eltern, weshalb sie es einfach an uns weitergegeben haben: »Unseren Kindern wird es einmal besser gehen.« Das andere Versprechen ist typisch für unsere Zeit, in der die meisten Wunschkinder sind und von ihren Eltern behandelt werden, als wären sie und nur sie allein das großartigste Geschöpf der Erde: »Du kannst werden, was du willst.«

Sicher, wir genießen das Privileg der unzähligen Freiheiten: Viel selbstverständlicher als unsere Eltern können wir auf Klassenfahrten die Republik und ganz Europa erkunden, Austauschjahre auf anderen Kontinenten machen, Abschlüsse auf dem zweiten Bildungsweg nachholen. In unserer Zeit regiert eine Frau das Land, ein 31-Jähriger ist Bundeskanzler von Österreich, ein 71-Jähriger Präsident der USA. Ein Buch über den Darm ist ein Verkaufsschlager, Teenager werden mit Kosmetiktipps auf YouTube reich. Und selbst die Teilnahme an entwürdigenden Datingshows im Fernsehen ist zur Option für gesellschaftlichen Aufstieg geworden. Das war in der Jugend unserer Eltern sicher anders. Trotzdem: Die Freiheiten fallen uns nicht in den Schoß. Nicht »wenn du es nur willst«, kannst du alles erreichen, sondern »wenn du nur alle Voraussetzungen erfüllst und noch dazu viel Glück hast«.

Der Soziologe Oliver Nachtwey vergleicht unsere Gesellschaft heute mit einer Rolltreppe.[32] Es geht Stockwerk für Stockwerk nach oben, aber auf jeder Etage muss die Rolltreppe gewechselt werden. Wer Pech hat, erwischt die falsche und fährt wieder nach unten – während die anderen weiter nach oben fahren. Rennen hilft dann auch nicht mehr. Gegen die Rolltreppe kommt man nicht an.

Dieses Bild gilt für die gesamte Gesellschaft, doch besonders in jungen Jahren ist die Gefahr groß, nach unten statt nach oben zu fahren. Das war früher anders. Da fuhr man Fahrstuhl: Einmal einsteigen, den richtigen Knopf drücken, und ab ging's nach oben. »Der Aufstieg ist nicht mehr so selbstverständlich«, sagt Oliver Nachtwey im Gespräch mit dem Jugendmagazin *Fluter*. Während man in den

Sechziger- und Siebzigerjahren mit einem Universitätsabschluss oder einer guten Berufsausbildung noch mit großer Wahrscheinlichkeit ein gut gesichertes Leben führen konnte, sei davon heute für junge Leute nicht mehr selbstverständlich auszugehen. An die Stelle von Arbeitsplatzsicherheit seien soziale Unsicherheiten getreten, die Anzahl der guten Jobs sei nicht in dem Maße gestiegen wie die Anzahl der Studierenden. Stattdessen: Praktika, Befristungen, Leiharbeit, niedrige Einstiegslöhne. Während früher auch unqualifizierte Arbeitskräfte in der Fabrik gut verdienen konnten, seien diese heute als Leiharbeiter in der Spule der Unsicherheit gefangen.[33]

Niemand sollte arm sein. Doch während alle vier Jahre zum Bundestagswahlkampf die Altersarmut (natürlich nur derer, die zu diesem Zeitpunkt bereits alt oder kurz davor sind) zum großen Thema der Nation gemacht wird, interessieren sich PolitikerInnen und die breite Öffentlichkeit für Kinderarmut eher wenig. Dass es arme Kinder in unserem Land überhaupt geben soll, ist für viele schon abwegig, verbindet man mit Kinderarmut doch eher die Bilder hungerleidender Babys aus Entwicklungsländern, die man von Spendenaktionen kirchlicher Hilfswerke kennt. In Deutschland gehe es doch allen gut.

Dem ist leider nicht so. Die jüngste Studie der Bertelsmann-Stiftung zur Kinderarmut in Deutschland zeigt: *21 Prozent aller Kinder* leben hier dauerhaft oder wiederkehrend in Armut.[34] Was heißt das?

Das durchschnittliche Nettoeinkommen eines deutschen Haushalts betrug 2013 rund 3 132 Euro.[35] Leben Kinder in einer Familie, die mit weniger als 60 Prozent dessen auskommen muss oder die Grundsicherung bezieht, gelten sie als arm. Als besondere »Risikogruppen« hat die Stiftung Kinder alleinerziehender Eltern, Kinder mit mindestens zwei Geschwistern und Kinder mit gering qualifizierten Eltern ausgemacht. Essen und ein Dach über dem Kopf fehlt ihnen nicht, aber vieles andere, was für Kinder in Deutschland normal ist. Dinge, die von sozialen und kulturellen Aktivitäten ausschließen: Fehlt ein internetfähiger Computer im Haushalt, muss das Kind ohne Online-Spiele oder Chats mit Klassenkameraden auskommen. Lässt die Haushaltskasse kein Geld für Geburtstagsgeschenke übrig, geht es vor Scham lieber gar nicht zur Party des Nachbarjungen.

Dieser Verzicht hat langfristige Folgen für Kinder, betont der Vorstand der Bertelsmann-Stiftung, Jörg Dräger: »Wer schon als Kind arm ist und nicht am gesellschaftlichen Leben teilnehmen kann, hat auch in der Schule nachweisbar schlechtere Chancen. Das verringert die Möglichkeit, später ein selbstbestimmtes Leben außerhalb von Armut zu führen.«[36]

Dass wir in der Bundesrepublik weit davon entfernt sind, dass jeder Einzelne nur noch durch die Türen gehen muss, die weit offenstehen, zeigt ein Blick auf die Bildungsabschlüsse junger Deutscher. Von den 30- bis unter 35-Jährigen waren 2016 *16 Prozent ohne beruflichen Bildungsabschluss*. Das sind fast 900 000 junge Menschen. Viele Junge haben in diesem Alter hingegen schon eine Berufsausbildung beendet: 45 Prozent. Die Lehre ist somit der beliebteste – oder zumindest der am häufigsten erreichte – Berufsabschluss der jungen Deutschen. Einen Fachschulabschluss haben rund 8 Prozent in der Tasche, 5 Prozent hatten 2016 einen Bachelorabschluss. Diese Form des Hochschulabschlusses gibt es allerdings erst etwa seit 2005. Das heißt: Viele derjenigen, die 2016 zwischen 30 und 34 Jahre alt waren, konnten den Bachelorabschluss noch gar nicht wählen. Ähnliches gilt für den Master, den 2016 nur 4 Prozent der Altersgruppe erreicht haben. Den vergleichbaren Diplomabschluss, zu dem auch der Magister, die Lehramtsprüfung und Ähnliches zählen, haben hingegen 16 Prozent der 30- bis 34-Jährigen erreicht. Etwa 1 Prozent der Altersgruppe hat promoviert.[37]

Am beliebtesten bei Studienanfängern waren im Wintersemester 2017/18 übrigens die Fachgruppen Rechts-, Wirtschafts- und Sozialwissenschaften (316 784 Neueinschreibungen), gefolgt von Ingenieurwissenschaften (239 869 Neueinschreibungen), sowie Geisteswissenschaften (109 383) und Mathematik/Naturwissenschaften (108 797).[38] Die meisten Auszubildenden konnten 2016 die Berufe Kaufmann/Kauffrau für Büromanagement (71 898 Auszubildende), KraftfahrzeugmechatronikerIn (63 174) und Kaufmann/Kauffrau im Einzelhandel (58 704) verzeichnen.[39]

Ganz ohne Arbeit waren im Februar 2018 rund 5 Prozent der 15- bis 25-Jährigen.[40] Etwa 37 000 der Jugendlichen unter 26 waren 2016

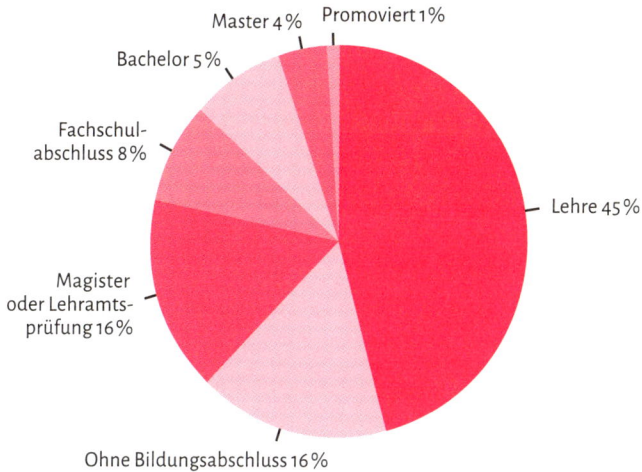

Master 4 % Promoviert 1 %

Bachelor 5 %

Fachschul-
abschluss 8 %

Lehre 45 %

Magister
oder Lehramts-
prüfung 16 %

Ohne Bildungsabschluss 16 %

Bildungsabschlüsse der 30- bis 35-Jährigen 2016

sogar obdach- oder wohnungslos – hatten also keinen festen Wohnsitz oder hielten sich für unbestimmte Zeit nicht an ihrem gemeldeten Wohnsitz auf. Am häufigsten sind 18-Jährige betroffen – weil mit der Volljährigkeit zum Beispiel die Unterstützung durch das Jugendamt abrupt endet oder es zu Hause Probleme mit den Eltern gibt.[41]

Doch selbst denen, die es geschafft haben, eine Ausbildung zu absolvieren oder einen Studienplatz zu ergattern, sitzt die Armut ständig im Nacken. **Von Armut bedroht** waren 2014 **24,3 Prozent** der 18- bis 25-Jährigen, 1994 waren es in dieser Altersgruppe hingegen nur 17 Prozent. Am stärksten ist die Differenz in der Altersgruppe 25 bis 35 Jahre: Während 1994 11,8 Prozent von Armut bedroht waren, sind es 2014 schon 20,7 Prozent.[42] Wie kann das sein?

Nun, für junge Menschen gibt es heutzutage viele Möglichkeiten, arm zu werden – die meisten sind harte Arbeit. Obwohl sie einer geregelten Tätigkeit nachgehen – Lebenszeit und Energie in die Arbeit stecken – haben **31 Prozent** der jungen Beschäftigten ein monatliches Bruttoeinkommen von **weniger als 1 500 Euro**, 39 Prozent der unter

35-Jährigen verdienen zwischen 1 501 und 2 500 Euro, nur 30 Prozent verdienen mehr als 2 500 Euro.[43] »Viele jüngere Deutsche müssen erleben, dass sie anders als vor zehn oder 20 Jahren nicht angemessen entlohnt werden«, sagt Markus Grabka vom Deutschen Institut für Wirtschaftsforschung dem Autor Alexander Hagelüken.[44]

Angesichts der Ausnahmen, die es gerade für junge Menschen bei sämtlichen Arbeitsgesetzen gibt, ist das nicht verwunderlich. So gilt zum Beispiel der Mindestlohn nicht für Jugendliche unter 18 Jahre ohne abgeschlossene Berufsausbildung, auch nicht für Auszubildende – unabhängig vom Alter – und auch nicht für PraktikantInnen, wenn das Praktikum verpflichtend im Rahmen der Ausbildung oder freiwillig ist, aber »nur« bis zu drei Monate dauert.[45] Die große Koalition fasst für die kommende Legislaturperiode eine Mindestvergütung für Auszubildende ins Auge. Ob die allerdings tatsächlich kommt ist fraglich, angesichts der Kritik, die es von Arbeitgeberseite hagelt: Betriebe könnten sich dann vielleicht gar keine Auszubildenden mehr leisten. Sollen die Lehrlinge mal lieber weiter mit rund 600 Euro im Monat auskommen – ist doch besser als nichts, oder?

Zusätzlich zur oft miserablen Bezahlung sind junge Beschäftigte überdurchschnittlich häufig Opfer sogenannter »atypischer Beschäftigung« – über ein Viertel der unter 35-Jährigen arbeitet befristet, in Teilzeit mit 20 oder weniger Stunden, in Zeitarbeit oder in einem Minijob. Im Vergleich zu älteren ArbeitnehmerInnen werden Junge auch hier oft ganz klar schon per Gesetz diskriminiert.

Ein Beispiel: Zusätzlich zu den ohnehin zahlreichen Möglichkeiten, ArbeitnehmerInnen mit einem befristeten Vertrag abzuspeisen, hält das *Teilzeit- und Befristungsgesetz* für BerufseinsteigerInnen noch eine besondere Überraschung bereit. *§ 14 (1)* besagt, ein sachlicher Grund für die Befristung eines Arbeitsvertrages liege vor, wenn »die Befristung im Anschluss an eine Ausbildung oder ein Studium erfolgt, um den Übergang des Arbeitnehmers in eine Anschlussbeschäftigung zu erleichtern«.

Klar, dieser Absatz sollte dafür sorgen, dass junge Menschen überhaupt nach einer Ausbildung übernommen werden. Das war sinnvoll zu einer Zeit, in der die Arbeitslosenquote hoch war, doch mittlerweile nähern wir uns der Vollbeschäftigung, die Arbeitslosenquote beträgt 5,8 Prozent,[46] viele Betriebe können froh sein, wenn sie frei-werdende Stellen überhaupt nachbesetzen können. Trotzdem ist es so einfach, junge Menschen befristet anzustellen, so praktisch und unverbindlich für Arbeitgeber, dass mittlerweile mehr als 60 Prozent aller befristet Beschäftigten in Deutschland jünger als 35 sind.

Auszubildende, PraktikantInnen und die 15- bis 20-Jährigen, die Kurzzeitferienjobs machen, noch nicht mal mit eingerechnet, haben **18,4 Prozent** aller ArbeitnehmerInnen zwischen 20 und 34 Jahren einen **befristeten Arbeitsvertrag.** Damit ist die Befristungsquote dop-pelt so hoch wie im Durchschnitt aller Altersgruppen (9,3 Prozent).[47] Was das mit Armut zu tun hat?

Mehr als ein Viertel der befristet Beschäftigten unter 35 verdient selbst mit Vollzeitstelle monatlich weniger als 1 100 Euro netto. 15,5 Prozent der befristet Beschäftigten zwischen 20 und 34 Jahren zählen zu den »Working Poor«.[48] Auch bei der Leiharbeit verdienen ArbeitnehmerInnen meist wesentlich weniger als die betriebliche Stammbelegschaft – junge Menschen sind von dieser prekären Form der Arbeit dreimal so oft betroffen wie ältere.[49]

Screenshot: Twitter.de/petertauber, 3.7.2017

Dieser Tweet[50] des damaligen CDU-Generalsekretärs Peter Tauber löste einen Shitstorm und eine öffentliche Debatte aus. Viele prekär Beschäftigte fühlten sich verhöhnt. Tauber entschuldigte sich später für seine Bemerkung: Den vielen Statistiken, die das Gegenteil seiner

Aussage beweisen, konnte auch er sich nicht mehr verweigern. Sie zeigten: Auch wer »etwas Ordentliches gelernt« hat, arbeitet prekär. Laut Deutschem Gewerkschaftsbund haben 51 Prozent der 3,1 Millionen Beschäftigten zwischen 25 und 64 Jahren, für die ein Minijob die alleinige Erwerbsform ist, einen Berufs- oder sogar einen Hochschulabschluss.[51] Auch bei Befristungen gilt: AkademikerInnen sind genauso betroffen wie Menschen ohne Berufsabschluss, AkademikerInnen mit Doktortitel trifft es sogar am härtesten.[52]

Um zu verstehen, dass wir Jungen regelrecht darum kämpfen müssen, unsere Zukunft so zu gestalten, wie wir möchten, lohnt sich auch noch ein Blick ins StudentInnenleben: Das Deutsche Studentenwerk hat errechnet, dass 19 Prozent der Studierenden im Sommersemester 2016 gerade einmal die notwendigsten Ausgaben decken konnten. Allein 35 Prozent ihrer monatlichen Einnahmen geben Studierende für Miete aus. Sie hatten durchschnittlich rund 918 Euro im Monat zur Verfügung; jeder Fünfte musste monatlich mit weniger als 670 Euro auskommen. 61 Prozent der Studierenden arbeiten nebenbei, um ihr Studium zu finanzieren – durchschnittlich neun Stunden pro Woche, neben einer Lern-/Studienwoche mit durchschnittlich 33 Stunden. Immerhin 86 Prozent der Studierenden hatten im Sommersemester 2016 das Glück, finanzielle Unterstützung von ihren Eltern zu erhalten. Staatliche BAföG-Leistungen erhielten dagegen im selben Zeitraum nur 25 Prozent der Studierenden.[53]

Nehmen wir noch einmal die Errungenschaften unter die Lupe, die uns die Bologna-Reform außer ECTS-Punkten und jüngeren Hochschulabsolventen angeblich eingebracht hat. Dazu gehört die »Internationalisierung« des Studiums. Studien- und Arbeitserfahrungen vor allem im europäischen Ausland sind jetzt gewünscht – und oft sogar Pflicht: 31 Prozent der Auslandspraktika, die StudentInnen im Sommersemester 2016 absolvierten, waren verpflichtend, wie auch 27 Prozent der Auslandssemester. Doch wer soll das bezahlen? Überwiegend kamen Eltern oder PartnerInnen fürs Auslandsstudium auf, mehr als die Hälfte der Kosten wurden durch Einkünfte der Studierenden vor dem Aufenthalt gedeckt und nur 30 Prozent durch BAföG-Leistungen.[54]

Und das ist längst nicht alles, was wir auf uns nehmen, um am Ende einen Job zu ergattern, der wenigstens einigermaßen dem entspricht, »was wir wollen«. Die McDonald's-Ausbildungsstudie hat herausgefunden, dass die meisten der 15- bis 24-Jährigen für einen Arbeitsplatz, der sie interessiert, bereit sind, auch mal am Wochenende zu arbeiten. Oder nachts. Und vor allem: 59 Prozent sind bereit, für den Job in eine andere Region zu ziehen.[55] Schon beim Einschreiben an der Uni beginnt oft der Umzugsmarathon. Im Sommersemester 2016 sind 35 Prozent der Erstsemester für den Studienplatz in ein anderes Bundesland gezogen. Am mobilsten sind die BrandenburgerInnen – 77 Prozent der StudienanfängerInnen schrieben sich an einer Universität in einem anderen Bundesland ein.[56]

An der Uni angekommen, gibt es keinen Grund, sich auszuruhen: Neben den Auslandssemestern stehen vor allem Praktika ganz hoch im Kurs. Die meisten (73 Prozent) werden aktuell im Studium absolviert, schließlich sind sie häufig Voraussetzung für eine Masterbewerbung oder für eine erfolgreiche Bewerbung um einen Job. Insgesamt werden in Deutschland jedes Jahr rund 600 000 Praktika absolviert, die meisten davon (54 Prozent) in Gesundheits-, Bildungs- und Sozialberufen. Der Durchschnittspraktikant bzw. die Durchschnittspraktikantin ist 25 Jahre alt. Und die Bezahlung? Tja …

Der Deutsche Gewerkschaftsbund beklagt: Zwischen 2009 und 2013 haben 31,8 Prozent der PraktikantInnen weniger als 400 Euro verdient, 32,8 Prozent 400 bis 799 Euro. Umgerechnet auf eine 40-Stunden-Woche sind das weniger als 4,61 Euro Stundenlohn.[57] Dabei haben sich die deutschen Gewerkschaften allerdings auch nicht mit Ruhm bekleckert: Während sie fairen Lohn für alle fordern, zahlte eine der größten deutschen Gewerkschaften meiner Freundin für ihr Praktikum 300 Euro im Monat. Ich selbst habe bei Praktika in den Medien und der Politik zwischen 0 und 500 Euro verdient – manchmal war zumindest ein Mittagessen pro Tag inklusive, manchmal gab es großzügigerweise die erste Ration exklusiver Kaffee-Cups umsonst, danach musste man sich die für 2 Euro das Stück selbst kaufen. Ich blieb beim einzigen kostenlosen Getränk: Wasser.

Natürlich war das alles vor der Einführung des Mindestlohns. Seitdem hat sich vor allem eines geändert: die Unverschämtheit der Arbeitgeber. Um den Mindestlohn für PraktikantInnen zu umgehen, entwickeln sie die kreativsten Ideen. Ich selbst war gezwungen, für meinen Arbeitgeber ganz genau darauf zu achten, bis zu welchem Tag die Verträge unserer PraktikantInnen laufen dürfen, damit der Verlag bloß keinen Mindestlohn zahlen musste. Immerhin gab es eine Minimalvergütung von 300 Euro. Und Kaffee. Es geht noch krasser: Laura, damals 20 Jahre alt, absolvierte in den Semesterferien ihres Bachelorstudiums ein Praktikum in einem 600-Mitarbeiter-Unternehmen der Textilindustrie – und verdiente genau 0 Euro. War ja freiwillig – selbst schuld also? Immerhin: Das Mittagessen in der Kantine ging aufs Haus. Trotzdem musste sie in der Zwischenzeit ihr WG-Zimmer in der Studienstadt untervermieten und für die Zeit des Praktikums abwechselnd bei ihrem Freund und ihren Eltern einziehen. Und das, obwohl das Praktikum alles andere als ein »Hineinschnuppern« war. Sie übte die Tätigkeit einer Vollzeit-Einkäuferin aus und bekam im Anschluss sogar ihr Praktikum als Job angeboten – dieses Mal bezahlt.

Aus der PraktikantInnenriege des Europaparlaments gibt es noch schlimmere Berichte: In Brüssel, einer der kostspieligsten Städte Europas, würden viele PraktikantInnen in Abgeordnetenbüros gar nicht oder nur sehr schlecht bezahlt. Manche sollen deshalb im Winter nicht einmal ihr Zimmer geheizt und sich an einigen Tagen kein Essen gekauft haben, berichtet die Europaabgeordnete Terry Reintke der *Frankfurter Allgemeinen*.[58]

Tatsächlich kann sich seit den Mindestlohn-Sonderregelungen glücklich schätzen, wer überhaupt noch ein Praktikum ergattert. Ist dem Bewerber oder der Bewerberin von seiner Universität kein Pflichtpraktikum vorgeschrieben, wird er gar nicht erst eingeladen, denn das würde ja bedeuten, dass man gegebenenfalls den Mindestlohn zahlen müsste. Über die Startbedingungen am Arbeitsmarkt entscheidet die Studienordnung. Pech gehabt.

Egal ob in der Ausbildung, im Studium oder in den ersten Berufsjahren danach: Was eigentlich der Start in die Selbstständigkeit und ins Erwachsenenleben sein sollte, wird für viele zur Zerreißprobe. Zu den oft prekären oder schlecht bezahlten Jobs kommen noch steigende Sozialabgaben und düstere Aussichten für die Rente: sowohl für die eigene als auch für die der Babyboomer, für die die Jungen aufkommen müssen und dadurch, zumindest, wenn die Politik ihren Rentenkurs beibehält, wiederum weniger auf dem eigenen Konto haben werden.

Dabei möchten viele endlich das genießen, was sie sich für ihr Erwachsenenleben vorgestellt haben: ein regelmäßiges Einkommen, vielleicht ein Eigenheim und Nachwuchs. »Ich bewerbe mich fast im Halbjahrestakt neu und ziehe jedes Schuljahr um – bis ich hoffentlich endlich eine Planstelle bekomme«, erzählt mir die 30-jährige Lehrerin Heide aus München, »Dabei möchte ich einfach mit meinem Freund zusammenziehen und eine Familie gründen.«

Nach all den Prozeduren in der Schul- und Ausbildungszeit – Reformen, die es uns schwer machten, Gesetze, die uns gezielt benachteiligen – möchten wir einfach in der Lage sein, uns ein einigermaßen angenehmes und sicheres Leben aufzubauen. Wir haben nur einen einzigen Wunsch: Einmal Zukunft to go, bitte.

Die Zukunft kommt zum Schluss

Nachdem ich mein Studium beendet hatte, tat ich, was die meisten HochschulabsolventInnen – zumindest kann ich das für die GeisteswissenschaftlerInnen sagen – erst einmal tun: Ich meldete mich arbeitssuchend. Da ich mir mein WG-Zimmer nicht mehr leisten konnte, war ich kurzzeitig wieder bei meinen Eltern eingezogen. Meine Anlaufstelle war also die Bundesagentur für Arbeit in einer unterfränkischen Kleinstadt. Ich erinnere mich nur zu gut daran, wie sehr sich die Sachbearbeiterin bemühte, nicht total verzweifelt zu wirken beim Versuch, dem Datensystem meinen Zweifach-Magister einzuverleiben, und dann noch so zu tun, als wüsste sie, für welche Jobausschreibungen ich mich mit Politikwissenschaften und Soziologie qualifiziere. Wer kann es ihr schon verübeln?

Nach einer Weile des – vermutlich vorgetäuschten – Herumklickens und Suchens fragte mich die Sachbearbeiterin vorsichtig: »Könnten Sie sich auch vorstellen, in eine andere Region zu ziehen?«

Ich musste schmunzeln. Natürlich war das ohnehin mein Plan. Aber dachte sie wirklich, mir wäre nicht klar, dass ich, selbst wenn ich wollte, in meinem Wunscharbeitsfeld, den Medien, in meiner Heimatregion chancenlos bleiben würde?

»Ja, kann ich«, antwortete ich gerührt.

Erleichtert machte die Sachbearbeiterin Häkchen bei allen Großstädten, die ich ihr dann aufzählte. Am Ende landete ich zwar ohne das Zutun der Arbeitsagentur nicht bei meiner ersten zukünftigen Wohnortpräferenz, aber immerhin bei meiner zweiten.

Nicht jeder junge Mensch hat bei der Wohnortsuche immer die Wahl. Um studieren oder arbeiten zu können, müssen viele ihre Heimat verlassen – ob sie wollen oder nicht. Andersherum wollen vielleicht einige umziehen, können sich aber keine eigene Wohnung oder ein WG-Zimmer leisten. 2015 lebten laut Statistischem Bundesamt *62 Prozent* der 18- bis 24-Jährigen noch *gemeinsam mit ihren Eltern* in einem Haushalt.[59] Selbstverständlich müssen die Gründe dafür nicht finanzieller Natur sein, »Hotel Mama« soll ja auch ganz bequem sein.

Wie auch immer: In unserer Ausbildungslaufbahn sind die meisten von uns zum mehrmaligen Umziehen gezwungen. Laura ist nach dem Abi zum Bachelorstudium nach Magdeburg gezogen. Zum Auslandssemester ging es für sie nach Holland, gleich danach zum Praktikum nach Würzburg und zurück nach Magdeburg. Nach dem Abschluss hatte sie noch keine Zusagen für den Master, also zog sie zurück zu ihren Eltern aufs Land. Einen Platz fürs Masterstudium bekam sie einige Monate später schließlich in Nordrhein-Westfalen. Mit Anfang 20 hat sie schon eine längere Liste an Wohnsitzen als viele Menschen in ihrem ganzen Leben. Ähnliches bei Alex: Bachelorstudium in Berlin, Auslandssemester in Spanien, Praktikum in Österreich, Masterstudium in Frankfurt, erster Job in München. Klar, viele dieser Umzüge scheinen freiwillig zu sein. Doch die Flexibilität, die uns Jungen so oft nachgesagt wird, bekommen wir häufig auch aufgezwungen. Schließlich möchten die meisten von uns irgendwann einfach mal »ankommen«.

Manche ExpertInnen glauben sogar, die Arbeitsmarkt- und Wohnortflexibilität unserer Zeit sei mitverantwortlich dafür, dass die Zahl der Singles in den letzten zehn Jahren so hoch ist wie nie zuvor. Zwar kann man die Zahl nicht genau bestimmen, denn nur weil mehr als ein Drittel der Deutschen in einem Singlehaushalt lebt (17,6 Prozent davon sind jünger als 30), heißt das nicht, dass sie nicht trotzdem eine Beziehung haben.[60] Außerdem spielt die höhere Lebenserwartung bei dieser Entwicklung wohl auch eine Rolle.

Doch selbst diejenigen, die es in jungen Jahren geschafft haben, sich irgendwo zu finden, haben es schwer, sich nicht wieder aus den Augen zu verlieren, geschweige denn ein gemeinsames Nest zu bauen. Das Beispiel von Dominik und Susanne: Als sie sich kennenlernen, sind sie Mitte 20 und leben 40 Kilometer voneinander entfernt. Während Dominiks Auslandssemester führen sie eine Fernbeziehung. Für ihren ersten Job, den sie in ihrer Studienstadt findet, will Susanne dann mit ihrem Freund zusammenziehen. Der muss den Master aber in einer kleineren Stadt in der Region machen und kann sich das Pendeln nicht leisten, also ziehen die beiden im Studienort von Dominik zusammen. Jetzt pendelt Susanne. Nur etwa ein halbes Jahr später muss Dominik wieder ausziehen, denn für seine Masterarbeit hat er keinen Platz in der Region bekommen. Er zieht in ein anderes Bundesland. Schließlich findet er in der alten Heimat auch keinen Job, sondern bekommt ein Angebot in der Firma, in der er seine Masterarbeit geschrieben hat. Damit sie endlich dauerhaft zusammenleben können, kündigt Susanne ihren Job und zieht mit ihrem Freund gemeinsam in die neue Stadt. Dort gründen sie eine Familie. Aus den Zwanzigern sind sie mittlerweile raus.

Eine Ausnahme? Nein, Maria geht es ähnlich: Ihren Freund Leo lernt sie mit Anfang 20 in ihrer Heimat- und Studienstadt kennen. Beide machen Auslandspraktika bzw. -semester, jedoch zu unterschiedlichen Zeiten und an verschiedenen Orten: sie in den USA, er in der Türkei. In diesen Zeiten führt das Paar eine Fernbeziehung. Als Maria ihren Abschluss macht, steckt Leo noch im Studium. Maria muss für ihren ersten Job in die nächste Großstadt ziehen, die beiden führen wieder eine Fernbeziehung. In der Zwischenzeit steht bei Leo die Promotion an, eine Stelle hat er nur an seiner alten Uni bekommen. Dort, wo Maria keinen Job finden wird. Wann die beiden endlich zusammenziehen können, ist völlig offen. Beide sind jetzt Anfang 30.

Solche Geschichten finden sich allein in meinem Freundes- und Bekanntenkreis zuhauf. Man kann als Ursache die verlängerten Ausbildungszeiten anführen, aber viele haben auch nach dem Abschluss nicht die Wahl: noch ein Praktikum zur Überbrückung hier, Jahresverträge, die einen nicht an einem Ort ankommen lassen, dort, und darf's vielleicht noch ein Trainee-Programm mit vier verschiedenen Einsatzstandorten sein? Wir sind Meister der Mobilität. Und ihre Opfer. Alles verschiebt sich durch die vielen Umzüge nach hinten: das Zusammenziehen, aber auch das Kinderkriegen. Im Jahr 2015 waren Mütter bei der Geburt ihres ersten Kindes durchschnittlich 29,5 Jahre alt, etwa drei Jahre älter als noch 1991.[6162] Diese Entwicklung ist nicht unbedingt schlecht, und oft entscheiden sich Frauen bewusst erst spät für eine Schwangerschaft. Doch in Gesprächen mit FreundInnen zeigt sich immer wieder, dass die meisten gerne früher eine Familie gründen würden – das aber oft aufgrund ihrer chaotischen Wohn- oder Arbeitssituation nicht können oder als zu unsicher empfinden.

Wenn wir dann endlich sesshaft werden, haben wir oft nicht die Wahl zwischen Eigenheim und Mietwohnung. Dank der Nullzinspolitik konnte unser Erspartes nicht problemlos auf dem Tagesgeldkonto vor sich hinwachsen. Nur wer schon früh clever investiert hat, kann sich über Zuwächse freuen. Aber selbst denen stehen steigende Immobilienpreise gegenüber. Kredite zu guten Bedingungen helfen uns nicht, wenn das Eigenkapital fehlt. Niemand von meinen Bekannten, die bauen oder eine Wohnung kaufen, konnte das ohne einen Zuschuss der Eltern tun. Mit diesem Problem sind wir in Deutschland übrigens nicht allein. Der Internationale Währungsfonds (IWF) hat errechnet, dass die Mitglieder der Generation Y »in den entwickelten Ökonomien« ein 40 Prozent geringeres Vermögen besitzen als einst die Babyboomer im gleichen Alter.[63] In den USA sind die Ballungsgebiete um Städte wie New York und San Francisco zum Wohnen für junge Menschen absolut unerschwinglich geworden. Auch in Deutschland gilt: Wer sich kein Eigenheim leisten kann, muss sich horrenden Mietpreisen beugen. Na und, dafür werdet ihr Jungen mal so viel erben wie niemand vor euch, höre ich schon einige LeserInnen sagen. Doch obwohl sich dieses Gerücht hartnäckig hält, stimmt es schlicht und ergreifend nicht.

Ja, es wird viel vererbt. Dem Institut für Altersvorsorge zufolge sollen zwischen 2015 und 2024 in Deutschland gut 3,1 Billionen Euro den Besitzer bzw. die Besitzerin wechseln. Doch es gibt viele Abers:

Zieht man die Summe ab, die nicht an die nächste Generation, sondern an Ehe- oder LebenspartnerInnen vermacht wird, bleiben nur noch 2,1 Billionen Euro übrig. Die vererbten Vermögen sind unterschiedlich groß, allein die oberen 2 Prozent aller Hinterlassenschaften vereinen etwa ein Drittel des gesamten Erbschaftsvolumens auf sich. Ohne diese Top 2 Prozent bleiben also nur noch knapp 1,4 Billionen Euro, die auf die nächste Generation übertragen werden. Durchschnittlich beträgt dann eine Hinterlassenschaft in Deutschland dem Institut für Altersvorsorge zufolge etwa 121 000 Euro – die wiederum auf die Nachkommen aufgeteilt werden müssen. Auch wenn das sicher ein ordentlicher Batzen Geld ist – reich wird man davon nicht. Wer mit diesem Geldbetrag auf Immobiliensuche geht, bekommt von MaklerInnen in Ballungsgebieten eher ein gleichgültiges Lächeln als eine ordentliche Wohnung.

Vor allem aber sind es nicht wir Jungen, die mit diesen Erbschaften auf Konsumreise gehen dürfen: Wer im besagten Zeitraum etwas vererbt, ist meist über 70. Zu den ErbInnen gehören dadurch nicht wir aktuell Jungen, sondern diejenigen, die zwischen 40 und 64 Jahre alt sind, also auch: die Babyboomer. Es ist eine logische Konsequenz des demografischen Wandels: Durch die höhere Lebenserwartung wird glücklicherweise später gestorben, aber eben auch später und weniger vererbt – weil das Vermögen ja länger ausgegeben werden kann.[64] Von großen Erbschaften profitieren also nur die wenigsten – und dann meist in späteren Jahren, nicht in der finanzkritischen Zeit des Sturm und Drang. Also, liebe Alte: nur kein falscher Neid.

Im Leid vereint

Die Psychiatrie hat eine neue PatientInnenenklientel: junge Erwachsene unter 30. Sicher, schon immer hatten Frauen und Männer in diesem Alter psychische Probleme. Neu ist aber, dass Kliniken eigene Abteilungen für diese Gruppe einrichten. Eine Unterscheidung zwischen einerseits Kinder- und Jugendpsychiatrie und andererseits Erwachsenenpsychiatrie reicht vielerorts nicht mehr aus. Stattdessen gibt es zum Beispiel in Hamburg und Stuttgart spezielle Behandlungsangebote für »Beschwerden im Zusammenhang mit Entwicklungsaufgaben«.[65]

Tatsächlich zeigen mehrere Studien, dass junge Menschen häufiger als früher unter Depressionen, Angststörungen und Panikattacken leiden: 30 Prozent der Männer und 43 Prozent der Frauen zwischen 18 und 34,[66] in der Altersgruppe zwischen 18 und 25 Jahren ist es jeder vierte Bundesbürger. Bei Letzteren hat sich die Zahl der Betroffenen zwischen 2005 und 2016 um 38 Prozent erhöht – auf mittlerweile rund 1,9 Millionen. Die Gründe: zunehmender Leistungsdruck im Bildungssystem und Zukunftsängste.[67]

Ist es das, was uns Junge verbindet? Der Stress, unter dem wir leiden? Ausgelöst vom Druck, den uns wirtschaftliche Krisen bereiten, weil sie schlechtere Arbeitsbedingungen, grenzenlose Flexibilität und mehr Konkurrenz mit sich bringen? Sind es die politischen Krisen, die uns fertigmachen, weil uns seit 9/11 eingetrichtert wird, dass der Krieg, die Gefahr, das Böse überall und zu jeder Zeit lauern? Weil wir sehen, wie das Europa, das uns seit Kindheitstagen den Frieden auf unserem Kontinent wahrt, leichtfertig auseinandergerissen wird? Haben wir Angst, weil wir wissen, dass die letzten Chancen, das Klima zu retten, fast vertan sind und wir ohnmächtig dabei zusehen müssen, wie die PolitikerInnen unsere und die Zukunft unserer Kinder verspielen? Sind es Angela Merkel und die immer wieder selben grauen Köpfe ihres Kabinetts, die uns deprimieren? Weil sie kein Interesse und schon gar keine Idee für die Zukunft haben, sondern in stillem Einvernehmen weiter den Status quo verwalten, bis nichts mehr übrig ist, was zu verwalten wäre?

Wir Jungen haben tatsächlich viele Gründe, deprimiert zu sein. Der schlimmste jedoch ist, dass wir zwar eine kleinere Gruppe bilden als die Alten, aber noch länger in diesem Land, auf diesem Kontinent, auf diesem Planeten zu leben haben und gleichzeitig am wenigsten mitentscheiden. Wir mögen uns in unseren Bildungshintergründen, Lebensentwürfen und Traumjobs genauso unterscheiden wie alle anderen Generationen vor uns. Doch was uns eint, ist der Wunsch, unsere Gesellschaft mitzugestalten, uns eine Zukunft aufzubauen, statt von den alten Generationen immer wieder Steine in den Weg gelegt zu bekommen. Wir Jungen werden nicht gehört, wir werden stummgeschaltet und belächelt. Nicht wir sind es, die über unsere Zukunft bestimmen, sondern die Alten.

Das muss sich ändern.

KAPITEL 2

Politikfaul, desinteressiert, zukunftsmüde?

Das Erwachen der Generation Raute

>> *Spread the word, have you heard?*
All across the nation. We are going to be
a great generation. <<

Yolanda Renee King, 9, Enkelin von
Martin Luther King, bei der March-for-Our-Lives-
Demo in Washington, D.C., am 25.3.2018

»Generation Ego: Jugendliche denken nur an sich selbst«,[68] »Die Jungen sind selber schuld«,[69] »Unsicher, ziellos, wenig belastbar«:[70] Tja, mit der Jugend von heute sei nichts los: Mit einer Mischung aus Enttäuschung und selbstzufriedener Gehässigkeit haben das in den letzten Jahren nur allzu viele JournalistInnen, WissenschaftlerInnen und sonstige selbst ernannte Personen des öffentlichen Lebens festgestellt. Kein Thema könne diese jungen Generationen von ihren Computerbildschirmen hervorholen. Große Protestaktionen wie die gegen Stuttgart 21 seien getragen gewesen von SeniorInnen, die letzte politische Revolution mit dem tragischen Niedergang der Reste des Achtundsechzigerprotests zu einer Rentner-Einbruch-Gang wohl endgültig versandet. »Generation Raute«, titelte *Die Zeit* im August 2017 kurz vor der Bundestagswahl und glaubte damit endlich eine Erklärung für die Lethargie des Nachwuchses der Gesellschaft gefunden zu haben: »Die meisten jungen Wähler kennen bloß das Deutschland der Kanzlerin Merkel.«

Ein leichtes Dahinschlummern des politischen Enthusiasmus der Jungen – alles abgeguckt bei Angela Merkel? Nun, nicht ganz. Man könnte sagen, die Politik unter Frau Merkel habe uns hypnotisiert. Das bestätigen zahlreiche Umfragen, die der Frankfurter Soziologe Patrick Sachweh ausgewertet hat. Sein Ergebnis: Junge Leute kommen gar nicht erst auf die Idee, zum Beispiel staatliche Umverteilung zu fordern, obwohl sie selbst davon profitieren würden. Der Grund: Sie erwarten sowieso nur wenig vom Sozialstaat, weil sie ihn nur nach der Agenda 2010 kennen – kontrollierend und oft herzlos.[71]

Was hat das zu bedeuten? Apathie aufgrund von Enttäuschung? Teils, teils. Dass junge Menschen offensichtlich weniger Hoffnung in die klassische Parteienpolitik haben als ältere, zeigt die *Wahlbeteiligung* bei der Bundestagswahl 2017. Knapp *69,9 Prozent* der 18- bis 20-Jährigen, 67 Prozent der 21- bis 24-Jährigen, 68,6 Prozent der 25- bis 29-Jährigen und 72 Prozent der 30- bis 34-Jährigen gingen wählen. Bei den über 50-Jährigen waren es hingegen weit mehr als 76 Prozent.[72] Einige der jungen NichtwählerInnen haben ihre Beweggründe ReporterInnen von *Zeit Campus* und *Süddeutscher Zeitung* anvertraut. Eine Auswahl:

Christian, 29: »Ich gehe nicht wählen, weil ich von der Politik enttäuscht bin. Enttäuscht darüber, dass es keine einzige Partei gibt, die sich für die jungen Leute einsetzt. Die Politiker haben leider keine Ahnung, wie es im echten Leben aussieht. Sie entscheiden rein nach Statistiken, die ihnen irgendjemand vorlegt, im guten Glauben, dass die nicht geschönt sind.«[73]

Sandra, 24: »Mein Sohn ist dreieinhalb Jahre alt und ich wohne mit ihm bei meiner Mutter, sonst würde ich es nicht schaffen, noch arbeiten zu gehen. … An alldem, meinem Kind, dem Job und so, da wird die Politik ja auch nichts dran ändern. Was weiß ich, was die mit dem Steuergeld machen. Damit finanzieren die dann solche Katastrophen wie G20. Und für mich gibt es im besten Fall mal wieder 2 Euro mehr Kindergeld.«[74]

Moritz, 19: »In der Mittelstufe war ich noch begeistert von der Idee, bald wählen zu dürfen. Ich habe mir 2013 alle Wahlprogramme durchgelesen, wahrscheinlich hätte ich damals für die Piraten gestimmt. Mir gefiel der Gedanke, etwas mitbestimmen zu können. Es bedeutete für mich, erwachsen und mündig zu sein, so wie endlich seinen Führerschein machen zu dürfen. Jetzt bin ich erwachsen und habe mir meine eigene Meinung gebildet. Und meine Meinung ist: Wählen macht keinen Sinn. Wählen ist nur sinnvoll, wenn es eine echte Alternative gibt. Wir haben aber keine wirkliche Wahl. Wieso sollte ich die SPD wählen, wenn sie sich nicht mal durch eine Vermögenssteuer von der CDU abgrenzen kann? Da, glaube ich, ist etwas kaputt.«[75]

Die klassischen Parteien haben das Vertrauen vieler junger Menschen verloren. Von absoluter politischer Teilnahmslosigkeit der Jungen kann trotzdem nicht die Rede sein. Wenn sich Jugendliche als »nicht politisch interessiert« bezeichnen, wie es mehr als die Hälfte in der Shell-Jugendstudie 2015 tun, meinen sie damit: keine Lust auf klassische Parteiarbeit, Bundestagsdebatten und Querelen unter PolitikerInnen. Ihren Einsatz für Fair-Trade-Kaffee in der Mensa oder die Unterschriftenaktion für die Rettung des städtischen Freibads verbuchen viele gar nicht erst als »politisch«. Ihr Engagement ist also quasi undercover. Politisches Engagement hat heute viele Formen – und lässt sich gar nicht so leicht messen.

Revolution im Twitter-Feed: Wenn die Alten uns die Freizeit nehmen, nehmen wir das Internet

Was heißt politisch zu sein für uns Junge? Die Vorwürfe, wir seien egotaktisch und karrieregeil statt politisch engagiert, mögen böse und überspitzt sein, aber sie haben einen Ursprung: Es stimmt, viele von uns konzentrieren sich auf ihre Ausbildung und auf eine vielversprechende Karriere. Deshalb sind wohl beispielsweise nur wenige Studierende gegen Studiengebühren auf die Straße gegangen: Sie hatten einfach zu viel zu tun.

Hörsaal besetzen? Sorry, das dauert mir echt zu lange, muss noch lernen. Demonstrieren gehen? Was, das ist am Abend? Nee, da habe ich endlich eine Chance auf einen Platz in der Bibliothek. Der Bankencrash hat uns noch mehr Zukunftsstress bereitet: ungewisse Arbeitsmarktsituation, niedrige Zinsen, Staatsschulden. Aber zur Demo nach Frankfurt fahren? Nee, das ist mir nach Feierabend echt zu viel Aufwand. Occupy? Hab ich gar nicht mitbekommen. Muss wohl in der Prüfungsphase gewesen sein.

Bevor man über die politische Antriebslosigkeit mehrerer Generationen schimpft, muss die Frage erlaubt sein, wer uns Junge denn zu denen gemacht hat, die wir sind. Nicht wir allein sind schuld an der angeblich fehlenden Aufbruchstimmung, sondern auch diejenigen, die uns genau dafür tadeln: unsere Vorgängergenerationen, die EntscheidungsträgerInnen der letzten Jahrzehnte, die Generation 50plus. Die Generation unserer Eltern war es, die dafür sorgte, dass SchülerInnen am Gymnasium plötzlich ein Jahr weniger Zeit bis zum Abitur hatten. Das bedeutete: vollere Stundenpläne, noch mehr Nachmittagsunterricht, noch mehr Auswendiglernen.

Die »zwischen 1985 und 2000 Geborenen« sind wohl die Ersten, die schon vor dem Ende der Ausbildung wussten, was ein Burn-out ist. Dank G8 hatten einige von uns so früh ihren Schulabschluss in der Tasche, dass sie ohne Begleitung ihrer Eltern nach Mitternacht nicht mehr auf der Erstsemesterparty sein durften. Die Achtundsechziger und Babyboomer waren es, die dafür sorgten, dass die Bologna-Reform das Universitätsleben dem Schulalltag immer mehr angeglichen hat: Die Stundenpläne sind voll, die Anwesenheit bei Lehrveranstaltungen ist verpflichtend und die Semesterferien werden durch lange Prüfungsphasen immer kürzer. Kein Wunder, dass bei einem so straffen Zeitplan kaum mehr Platz für politisches Engagement bleibt.

Aber wer genau hinsieht, wird erkennen, dass wir Digital Natives andere Formen des politischen Protests entwickelt haben, die besser zu unserer Lebenssituation passen. Unsere Parolen erreichen nicht nur ein paar Straßenzüge, sondern gleich eine viel größere Öffentlichkeit: das Internet. Als 2006 die Piratenpartei gegründet wurde, war das für viele junge Menschen eine Erleichterung. Wobei die breite Masse erst etwa drei Jahre später mitbekam, dass diese neue Partei überhaupt existierte.

Attraktiv an den Piraten war für junge Menschen, dass sich endlich jemand der Themen Netzpolitik und Digitalisierung annahm, aber auch, dass die Politikneulinge eine basisdemokratische Organisationsform ausprobierten, bei der das Mitdiskutieren auch ohne Anwesenheit bei langweiligen Kreisverbandssitzungen, nämlich online und wenig hierarchisch möglich war. Hinzu kam: Die Parteimitglieder waren selbst jung – jünger vor allem als die der etablierten Parteien. Und sie trugen Kapuzenpullis, tranken Club Mate, trafen sich in Berliner Undergroundbars. Mit dieser Attitüde definierte die Partei schnell eine Zielgruppe, darunter viele ErstwählerInnen, aber auch frühere NichtwählerInnen, in denen sie anscheinend wieder Hoffnung auf die Demokratie weckte.[76] Ihre Mitglieder rekrutierte die Partei vor allem unter den 25- bis 45-Jährigen (Stand: 2013).[77] So haben es die Piraten 2011 und 2012 immerhin in vier Landesparlamente geschafft. Heute sitzen sie hingegen nur noch mit einem Abgeordneten im Europaparlament. Eine magere Ausbeute. Was ist passiert?

Die Piratenpartei ist gealtert. Nicht in erster Linie bezüglich ihrer Mitglieder, sondern bezüglich ihrer Strukturen. Obwohl die jungen PolitikerInnen Flügelkämpfe anfangs ablehnten, konnten sie sich doch selbst nicht davor schützen. Wolfgang Gründinger, Jahrgang 1984, der als Sozialdemokrat bei den Piraten mitmachen wollte, fasste seine Enttäuschung über den Werdegang der Partei 2013 in diese Worte: »Die Piraten werden schneller zu einer normalen Partei, als ihnen lieb ist. Es wird an Stühlen gesägt und um Posten geschachert. Nichtöffentliche Sitzungen gibt es sowieso regelmäßig, weil sich nun einmal nicht alles netzöffentlich diskutieren lässt.«[78]

Personelle Streitfragen erschütterten die Basis des zarten demokratischen Pflänzchens. Vorbei war es mit dem neuen, transparenten Politikstil, den die GründerInnen so inbrünstig gefordert hatten. Zudem schaffte es die Partei nicht, ihre Kernthemen an die Problemstellungen in den Landtagen anzubinden. Und als dann die Etablierten auch noch die Themen Datenschutz und Netzpolitik in ihre Programme aufnahmen, gab es keinen wirklich überzeugenden Grund mehr, für die jungen Wilden zu stimmen. Die RäuberInnen wurden zu Ausgeraubten. Doch die anfängliche Begeisterung für die Piraten machte deutlich, wie dringend sich vor allem junge Menschen eine Partei wünschten, die sich mit ihrem mobilen, eng getakteten Leben vereinbaren lässt, die Mitsprache und Transparenz ermöglicht und so wieder Vertrauen in Politik schafft. Das Projekt Piratenpartei ist gescheitert, die Suche geht weiter. Andere Neugründungen junger Parteien – vor allem im europäischen Ausland – werden später zeigen, dass es auch anders laufen kann.

Daran, dass sich das Internet für junge Menschen zum wichtigsten sozialen Raum entwickelt hat, hat auch das schleichende Ende der Piratenpartei nichts geändert. Stattdessen zeigte die junge Online-Community im Januar 2013, dass PolitikerInnen sich davor hüten müssen, »diese jungen Leute« und »dieses Internet« zu unterschätzen. Zur selben Zeit erschienen mehrere Artikel und Blogbeiträge, in denen die Autorinnen ihre Erfahrungen mit Sexismus schilderten, darunter ein Artikel im *Stern,* in dem die Journalistin Laura Himmelreich, Jahrgang 1983, beschrieb, wie der damalige FDP-Spitzenkandidat Rainer Brüderle, Jahrgang 1945, sie während einer Recherche sexuell belästigte. Auch bei Twitter teilten Betroffene ihre Erfahrungen und stießen eine Debatte über Alltagssexismus los. Um all diese Erfahrungen zu bündeln, erfand die Feministin Anne Wizorek, Jahrgang 1981, das Hashtag »Aufschrei«, das fortan alle Frauen für ihre Beiträge zu diesem Thema nutzten.

Eine Programmiererin wertet den Twitter-Sturm, den dieses Hashtag ausgelöst hat, später aus: Allein zwischen dem 25. und dem 31. Januar 2013 haben 15 000 NutzerInnen zu #aufschrei getweetet.[79] Das führte dazu, dass das Thema Sexismus plötzlich auch in den Polittalkshows des Landes besprochen wurde. Dass die FDP es im darauffolgenden September nicht mehr in den Bundestag schaffte, hatte wohl andere Gründe. Aber mit der #aufschrei-Aktion gelang es den Online-Aktivistinnen, über Wochen ein Thema in der deutschen Öffentlichkeit zu setzen.

Laura Himmelreich sieht genau darin die Stärke von Online-Debatten, wie sie in einem Interview mit dem *Spiegel* rückblickend

fröken von Horst ✈ @vonhorst · 24. Jan. 2013
Der Arzt, der meinen Po tätschelte, nachdem ich wegen eines
Selbstmordversuchs im Krankenhaus lag.

💬 7   🔁 5   ♡ 11   ✉

anne wizorek 🤖 ✔
@marthadear

Folge ich

Antwort an @vonhorst

@vonhorst wir sollten diese erfahrungen
unter einem hashtag sammeln. ich schlage
#aufschrei vor.

15:26 - 24. Jan. 2013

Screenshot: Twitter.de/marthadear, 24.1.2013

erklärt: »Damals wurde immer wieder über die Grundsatzfrage diskutiert: Gibt es Sexismus in Deutschland? Das fragt jetzt niemand mehr.«[80] Das bestätigt auch die Europaabgeordnete der Grünen, Terry Reintke, Jahrgang 1987, die sich seit Jahren für Frauenrechte einsetzt: »Als ich etwa 18 Jahre alt war, musste ich immer wieder erklären, wofür es noch Feminismus braucht. Ich bekam oft zu hören: Laut Gesetz sind Männer und Frauen doch gleichberechtigt, wieso wollt ihr immer wieder diese alten Kamellen ausgraben? Das hat sich durch #aufschrei und später #metoo definitiv verändert. Heute muss ich nicht mehr erklären, warum ich mich für die Gleichberechtigung der Geschlechter einsetze.«

Später, im Oktober 2017, entfachte die US-amerikanische Aktivistin Tarana Burke eine neue Social-Media-Debatte zu sexueller Belästigung. Dieses Mal lautete das Motto #metoo, wurde unter anderem von der Schauspielerin Alyssa Milano verbreitet und ging dann um die Welt. Unter dem Hashtag teilten erst nur Frauen, später auch Männer aller Erdteile ihre Erfahrungen. Besonders die US-amerikanische Filmbranche stand im Mittelpunkt der Diskussion. Auch dieses Mal hatte das Hashtag Auswirkungen. Filmschaffende holten die Debatte ins »Offline-Leben« – durch starke Reden und gemeinsame Zeichen, wie das Tragen schwarzer Outfits bei Preisverleihungen.

Kurzfristig hatte #metoo weitreichende Folgen: Während sich der deutsche Regisseur Dieter Wedel hartnäckig gegen schwere Missbrauchs- und Vergewaltigungsvorwürfe wehrt, musste der US-amerikanische Filmproduzent Harvey Weinstein mit seiner Company Insolvenz anmelden, für Schauspieler Kevin Spacey war Schluss mit der Netflix-Serie *House of Cards*, Award-Nominierungen wurden zurückgezogen, Ermittlungen eingeleitet, der Uber-Chef Travis Kalanick musste sein Amt räumen. Das *TIME Magazine* nannte diejenigen, die ihre Erfahrungen unter #metoo geteilt haben, »The Silence Breakers« und erklärte sie zur Person des Jahres 2017 – ein Titel, der zuvor an den Papst ging, an Putin, Obama, Trump und Angela Merkel. Die Begründung des *TIME*-Chefredakteurs Alan Murray: Mit der Kampagne sei eine der schnellsten Veränderungen in unserer Kultur seit den Sechzigerjahren freigesetzt worden.

Nach #metoo und #aufschrei besteht kein Zweifel mehr: Social Media sind die neuen Diskussionskreise, und Hashtags machen sie einflussreicher, als es viele Debatten der Achtundsechziger je waren.

Schluss mit heile Welt: Wie uns Brexit, Trump und Co. wachgerüttelt haben

Mal ehrlich: Abgesehen von den Kämpfen, die wir gelegentlich – vor allem via Social Media – ausfechten müssen, konnten wir uns lange Zeit der Illusion einer heilen Welt hingeben. Die Anschläge auf das World Trade Center in New York am 11. September 2001 waren für viele junge Menschen in Deutschland der erste kriegsähnliche Akt gegen die westliche Welt, den sie bewusst miterlebten. Was darauf folgte, waren panische Sicherheitsvorkehrungen an Flughäfen, schreckliche Kriege – von westlichen MachthaberInnen gerechtfertigt als »War on Terror« – und jede Menge Angst vor ebendiesem Terror, dem »Krieg des 21. Jahrhunderts«, der jederzeit und überall in unsere Leben einfallen konnte.

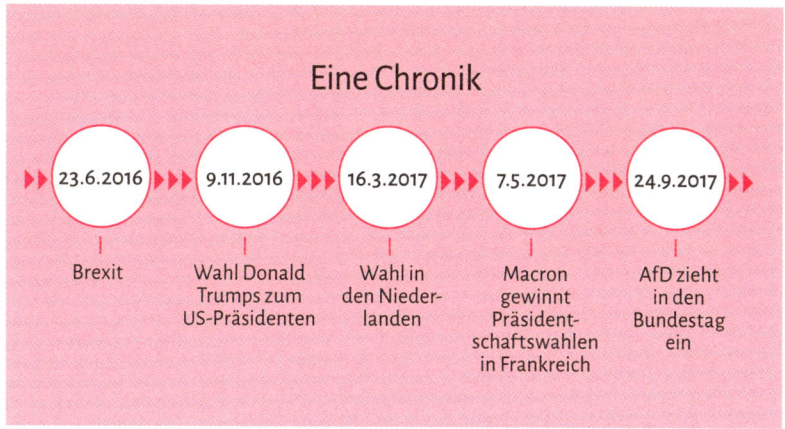

Eine Chronik

23.6.2016	9.11.2016	16.3.2017	7.5.2017	24.9.2017
Brexit	Wahl Donald Trumps zum US-Präsidenten	Wahl in den Niederlanden	Macron gewinnt Präsidentschaftswahlen in Frankreich	AfD zieht in den Bundestag ein

Brisante politische Ereignisse 2016 und 2017

Dieser allgegenwärtige und unberechenbare Feind hat unsere Jugend geprägt; auf eines aber war Verlass: Zumindest die europäische Staatengemeinschaft und die USA waren sich einig, dass Terrorismus schlecht ist und die Bevölkerung vor ihm beschützt werden muss. Egal wie schlimm die Zeiten und wie unterschiedlich die Ansichten zum Umgang mit dieser Gefahr: Es gab viele Verbündete, und unter ihnen herrschte Solidarität. Genau diese Haltung der Solidarität, dieses Gefühl der Gemeinschaft ist in den letzten Jahren jedoch aus der Mode gekommen. Seinen Lauf nahm diese Entwicklung im Jahr 2016.

23.6.2016, 22:04: »Brexit-Ergebnis: Briten stimmen für EU-Ausstieg«[81]

Die Nachricht erwischte mich eiskalt am Morgen des 24. Juni. Gleich nachdem mein Wecker geklingelt hatte, machte ich mein Handy an und starrte auf die Eilmeldung. Das konnte nicht sein. Noch mal Augenwischen. Da stand es immer noch. Schnell schaltete ich das Morgenmagazin ein. Vielleicht hatte das Fernsehen andere Informationen als das Internet. Doch dort war man längst vom Schock zur Analyse der Ergebnisse übergegangen: Bei einer Wahlbeteiligung von 72,3 Prozent stimmten 51,9 Prozent der WählerInnen dafür, die EU zu verlassen, 48,1 Prozent wollten bleiben.[82] Es war ein knappes Ergebnis. Aber es zählte.

Besonders bitter ging das Referendum für die jungen WählerInnen aus: **73 Prozent** der 18- bis 24-Jährigen stimmten *für den Verbleib* Großbritanniens in der EU, 62 Prozent der 25- bis 34-Jährigen. Eine eindeutige Mehrheit – die ebenso eindeutig überstimmt wurde. Besonders die älteren Wählergruppen stimmten klar für den Ausstieg aus der EU: 57 Prozent der 55- bis 64-Jährigen, 60 Prozent der über 65-Jährigen.[83] Alt überstimmt Jung, Klappe die Erste.

»Für mich war dieser Tag schrecklich. Zum ersten Mal in meinem Leben habe ich wegen einer politischen Entscheidung geweint.«

So erinnert sich Ben, Jahrgang 1987, an den Tag. Er ist aufgewachsen in West Sussex, lebt mittlerweile in London. »Es fühlte sich an – und tut es immer noch –, als ob mir ein wichtiger Teil meiner Identität als britischer Europäer weggenommen wurde. Mein Mitbewohner und ich streiften am Tag der Entscheidung zusammen durch die Straßen und wunderten uns, wie solch eine politische Kampagne voller Lügen überhaupt hatte stattfinden dürfen. Ich war wütend und aufgebracht.«

Schnell mussten sich die jungen Briten den Vorwurf gefallen lassen, sie seien selbst schuld an der Misere – schließlich sei ihre Wahlbeteiligung unterirdisch gewesen. Verschiedene Zahlen machten die Runde, erst sollten sich nicht einmal 40 Prozent der Jungen am Referendum beteiligt haben, später korrigierte eine Studie der London School of Economics: 64 Prozent der 18- bis 24-Jährigen hatten beim Referendum ihre Stimme abgegeben.[84] Das sind zwar immer noch weniger als bei den über 65-Jährigen, von denen sich ungefähr 90 Prozent beteiligt haben, aber doch wesentlich mehr als anfangs behauptet. Es bleiben 36 Prozent, die nicht zur Wahl gingen – beschweren dürften wir uns den Alten zufolge also immer noch nicht.

Maria, Jahrgang 1989, kann sich gut vorstellen, dass einige junge BritInnen sich des Ergebnisses so sicher waren, dass sie es nicht als dringend empfunden haben, abzustimmen. Die Deutsche ist zwei

Wochen nach dem Votum nach London gezogen. »In meinem britischen Bekanntenkreis, in dem alle so zwischen 24 und 32 Jahre alt sind, waren alle wählen, aber von ihnen hat auch niemand im Geringsten mit diesem Ergebnis gerechnet. Alle waren unfassbar geschockt, die Vorstellung, nicht mehr Teil der EU zu sein, war einfach absurd für sie.« Kam diese Überraschung vielleicht davon, dass viele junge Leute in einer der von den Medien später immer wieder beschriebenen Filterblase gelebt haben, in der sie sich nur mit Gleichgesinnten umgaben und nicht merkten, dass die Stimmung landesweit Richtung Brexit kippt? Ben war darauf vorbereitet, dass viele für den Brexit stimmen würden: »Ich dachte mir schon, dass es knapp wird, aber nicht, dass sie es wirklich schaffen. Das große Problem an diesem Referendum war, dass die Frage, die gestellt wurde, einfach zu vage war. Jeder, der für den Brexit gestimmt hat, wollte die EU auf eine andere Weise verlassen und aus anderen Gründen. Das macht das Argument ›Der Wille des Volkes zählt‹ lächerlich.«

Das passt zu den Argumenten einiger vom Magazin *Zeit Campus* befragter junger Leute, die für den Brexit gestimmt haben (insgesamt 27 Prozent der 18- bis 24-Jährigen und 38 Prozent der 25- bis 34-Jährigen). Die Begründungen ihrer Entscheidung reichen von »Das war reine Propaganda« bis zu »Ich hab mich nicht gekümmert, weil ich nicht verstanden habe, wie weitreichend die Konsequenzen sind.«[85] Am Ende fühlte es sich für viele an wie eine Abstimmung zwischen Alt und Jung. Die Alten, die einfach das verklärte System der Vergangenheit zurückhaben wollten, bestimmten über die Zukunft der Jungen, die noch mehr als ihr halbes Leben in diesem System verbringen müssen.

Viele junge BritInnen wollten sich das nicht gefallen lassen. Maria, die verunsichert war, ob sie nach dem Referendum noch in London willkommen sein würde, bekam jede Menge Zuspruch von ihren FreundInnen: »Sie entschuldigten sich für ihr Land, schämten sich für das Ergebnis und sagten, ich solle jetzt erst recht – quasi aus Protest – nach Großbritannien ziehen.« Dort angekommen, konnte sie beobachten, wie aus Wut und Enttäuschung der jungen BritInnen Tatkraft wurde: »Es gab viele Demonstrationen, eine Freundin von mir ging jede Woche auf die Straße. Nach ein paar Monaten kippte die Stimmung aber, es folgte Resignation. Einige haben sich in der Zwischenzeit mit der Situation abgefunden, manche haben Angst. Ein Freund konnte sich nicht mehr mit seinem Land identifizieren und ist letztes Jahr ausgewandert. Einige meiner Freunde versuchen, EU-Pässe zu bekommen – zum Beispiel über Familienangehörige, die in anderen EU-Staaten leben.«

Eine EU ohne Großbritannien – und mit der Gefahr, dass weitere Staaten dem Beispiel folgen könnten –, mit eingeschränkter Reisefreiheit und BürgerInnen, die klar sagen: Europäische Union, nein, danke. Das alles war auch für viele junge Deutsche alarmierend. »Mir war nach dieser Entscheidung klar, dass ich jetzt was tun muss, dass man Europa nicht den Populisten überlassen kann«, beschreibt Silvan, Jahrgang 1998, seine Gefühle nach dem Brexit. »Die Idee, die hinter dem europäischen Projekt steht, dass Menschen und Staaten, die vor ein paar Jahrzehnten noch die Waffen gegeneinander erhoben haben, jetzt in Frieden zusammenarbeiten und -leben, dass die Menschen frei reisen können, das alles war auf einmal in Gefahr.«

Doch für unser Demokratieverständnis sollte es bald noch dicker kommen.

9.11.2016, 8:35: »Donald Trump wird US-Präsident«[86]

Als ich am späten Abend des 8. November 2016 ins Bett ging, war die Welt bezüglich der US-Präsidentschaftswahlen noch in Ordnung. Eigentlich wollte ich die Auszählung der Stimmen bis zum Ende im TV verfolgen, aber es sah gut aus für Hillary Clinton, die Kandidatin der Demokraten, und ich war müde, also legte ich mich schlafen. Gegen fünf Uhr weckte mich mein Freund. Ich hatte ihn darum gebeten, denn er musste zum Flughafen, und ich war neugierig auf das Wahlergebnis. Ich wurde mit den Worten »Trump liegt vorne« geweckt und war sofort hellwach. »Was? Nein, das kann nicht sein.« Handy an, Fernseher an. Es konnte nicht sein. Es durfte nicht sein. Ich zog mir die Decke über den Kopf.

Wenige Stunden zuvor in einer Kleinstadt im US-Bundesstaat Washington: Tyler, Jahrgang 1987, war auf dem Weg zu einem Freund:

»Wir hatten eine Party zu Ehren unserer ersten weiblichen Präsidentin geplant.«

Doch aus der Feier wurde nichts. Ein paar Swing States waren schon an Trump gegangen, die Idee, dass er tatsächlich Präsident werden könnte, war plötzlich nicht mehr lächerlich, wie zuvor in Tylers Umfeld angenommen. »Als ich bei der Party ankam, war klar, dass Trump gewonnen hat. Erst waren wir alle sprachlos. Dieser Moment war so unwirklich. Wir diskutierten schließlich darüber, wie das Geschehene doch noch abzuwenden ist oder ob wir vielleicht träumten. Das war auch am nächsten Tag noch so. In meiner Heimatstadt liefen alle mit gesenktem Blick herum, und Small Talk in Coffeeshops oder Restaurants war fast unmöglich.«

Auch Constance, Jahrgang 1990, konnte es nicht glauben. Sie lebt in Berlin und telefonierte nach Bekanntgabe der Wahlergebnisse mit ihrer Mutter in Kalifornien:

»Wir haben geheult. Und wir haben es immer noch nicht glauben können. Wir waren uns sicher, dass es ein Irrtum war, noch irgendein Fehler rauskommen und das Ergebnis neu verkündet wird.«

Ab jetzt wurde wochenlang nur noch über Filterblasen diskutiert. Facebook war schuld. Russland war schuld. Auf jeden Fall aber die Algorithmen. Am Ergebnis geändert hat sich nichts. 306 Wahlmänner stimmten für Donald Trump, 232 für Hillary Clinton.[87]

Die Altersgruppen hatten wie folgt abgestimmt:

18- bis 24-Jährige: 55 Prozent pro Clinton, 32 Prozent pro Trump;
25- bis 29-Jährige: 53 Prozent pro Clinton, 37 Prozent pro Trump;
über 50-Jährige: mehr als die Hälfte pro Trump.[88]

Umfragen vor den Wahlen zeigten, dass Hillary Clinton mit 504 Wahlmännern bzw. -frauen gewonnen hätte – hätten nur die Millennials gewählt.[89] Also wieder ein Überstimmen der Jungen durch die Alten wie beim Brexit? Jein. Im Falle der US-Wahlen gab es viele Konflikte. Das sagen die Jungen:

ANTI Trump

Brian, 23: »Ich [als homosexueller Mann] nehme Trumps Wahlsieg persönlich. Er ist ein Affront gegen Farbige, queere Menschen, Opfer von sexuellen Übergriffen, Behinderte, Muslime, Steuerzahler, Frauen, und überhaupt: anständige Menschen.«[90]

Madison, 16: »Clinton wäre sicher nicht perfekt gewesen, aber Trump ist ein Sexist, Rassist und nicht qualifiziert, um der mächtigste Mensch auf der Erde zu sein.«[91]

Constance, 27: »Ich mache mir Sorgen, weil er keine Ahnung hat. Hinzu kommt, dass jetzt die Gefahr größer wird, dass Rassismus und Hetze salonfähig werden – Trump macht es als Präsident ja vor.«

PRO Trump

José, 20: »Er erreicht die Leute. Er sagt, was sich viele Politiker lange nicht getraut haben auszusprechen. Das fasziniert mich.«[92]

Allison, 20: »Für mich war Trump das geringere Übel. ... Viele junge Leute haben einfach keine Perspektive. Wir brauchen Aufschwung, schnell. Ich glaube, Trump schafft das eher als Clinton.«[93]

Die Zerrissenheit der Jungen zeigt sich in der Wahlbeteiligung: Nur 58,5 Prozent der 18- bis 24-Jährigen und 66,4 Prozent der 25- bis 34-Jährigen waren registriert – bei den über 55-Jährigen hingegen mehr als 76 Prozent[94] »An der Wahlurne stand ich vor einem Dilemma«, erzählt zum Beispiel die 21-jährige Annamarie im Interview mit dem Jugendmagazin *bento*.[95]

> *»Den Kandidaten meiner Partei wollte ich nicht wählen, da ich ihm nicht vertraue und ihn für unqualifiziert halte. Aber für Hillary Clinton konnte ich auch nicht stimmen. Am Ende habe ich gar nicht gewählt.«*

Tyler, der junge Mann aus der Kleinstadt in Washington, glaubt, dass die Ungerechtigkeit zwischen den Generationen schon vor der Wahl und auch innerhalb der Parteien begonnen hat: »Für viele junge Menschen war Hillary Clinton nicht die Wunschkandidatin. Sie war die Kandidatin des alten Establishments der Demokraten. In den Vorwahlen konnten wir Jungen dann beobachten, wie die alte Garde der Demokratischen Partei die junge Bewegung der Partei regelrecht kaputt machte.«

Die Jungen hatten nämlich einen ganz anderen demokratischen Favoriten, der sie mit neuer Hoffnung für ihr Land erfüllte und sie von einer Revolution für eine gerechte Gesellschaft träumen ließ: Bernie Sanders. Ausgerechnet ein Mitte 70-Jähriger begeisterte die unter 40-Jährigen. Sie nannten ihn »The Bern«, in den Vorwahlen scheiterte er nur knapp.[96] Und auch als es Hillary Clinton offiziell als Kandidatin der Demokraten zu unterstützen galt, konnten viele junge AmerikanerInnen nur eines:

#FeelTheBern

Nach der Wahl ist der Generationenkonflikt für Tyler nicht beendet – weder innerparteilich noch über Parteiinteressen hinweg. Dass viele ältere AmerikanerInnen für Trump stimmten, war für ihn ein deutliches Zeichen: »Die Babyboomer unterstützten weniger Trump selbst, als dass sie der Jugend und dem demografischen Wandel den

Mittelfinger zeigten.« Für Constance sendete die Wahl Trumps noch ein weiteres, deutliches Signal: »Egal was man von Hillary Clinton hält – dass sie als eine der erfahrensten Präsidentschaftskandidatinnen aller Zeiten gegen einen Mann verlor, der absolut keine Ahnung von Politik hat, lag daran, dass sie eine Frau ist. Damit müssen wir Frauen jetzt klarkommen. Es war eine deutliche Botschaft der Konservativen.« Egal ob zwischen Arm und Reich, Jung und Alt, Frau und Mann oder zwischen den Parteien: »Im Moment gibt es so gut wie keine Einheit mehr im Land«, beklagt Tyler.

So spaltete beispielsweise das Thema Menschenrechte die Gesellschaft – und Frauenrechte im Speziellen. Die Organisation des ersten Women's March on Washington war eine Reaktion auf die Wahl Donald Trumps, seine oft frauenverachtenden und rassistischen Reden und Kommentare sowie seine Pläne, die Organisation Planned Parenthood finanziell nicht mehr zu unterstützen, weil sie Abtreibungen durchführte. Am Tag nach der Amtseinführung liefen allein in Washington mehr als eine halbe Million Menschen mit, zusätzlich zu den Tausenden in anderen Städten der USA und auf der ganzen Welt.

Ein weiterer Streitpunkt: der private Besitz von Schusswaffen. Während Gruppen wie Moms Demand Action oder Parents Against Gun Violence schon lange für strengere Waffengesetze kämpfen, hat sich der Protest gegen die Waffenlobby nach dem Amoklauf eines Jugendlichen in Parkland, Florida, am 14. Februar 2018 zu einer landesweiten Massenbewegung entwickelt. Begonnen hat alles mit Demonstrationen und Social-Media-Aufrufen der Überlebenden des Massakers, bei dem 17 Menschen erschossen wurden. Unter den Hashtags #NeverAgain und #EnoughIsEnough riefen junge Menschen um die Schülerin Emma González zu zahlreichen Kundgebungen und Aktionen auf. Am 24. März erreichte die Bewegung ihren vorläufigen Höhepunkt mit einer landesweiten Demonstration, dem March for Our Lives, an dem allein in Washington rund 800 000 Menschen teilgenommen haben sollen.

Dass junge AmerikanerInnen in der Politik nicht mehr übergangen werden wollen, zeigt auch das Engagement der Jungen in der

Lokalpolitik. Dort, wo kein großes Vermögen notwendig ist, um sich für ein politisches Amt zu bewerben, übernehmen die Millennials das Zepter. In vielen Städten gibt es bereits jetzt junge BürgermeisterInnen: zum Beispiel in Ithaca, New York, South Bend, Indiana, Holyoke, Massachusetts, oder New Britain, Connecticut. Die Organisation Run for Something, die beim Bewerben um politische Ämter berät, hatte Ende 2017 rund 11 000 Anfragen von Millennials, die wissen wollten, wie sie in den Wahlkampf ziehen können – meist auf lokaler Ebene.[97]

Die Zerrüttung der amerikanischen Gesellschaft zu sehen und zu realisieren, wie leicht die Unzufriedenheit der Landsleute zu unterschätzen ist, macht auch den jungen Deutschen Angst. Alex, 28, beschreibt, warum sie das Ergebnis der US-Wahlen so betroffen gemacht hat: »Für viele junge Deutsche hatten die USA immer eine Art Vorbildfunktion, oder sie übten zumindest eine gewisse Faszination auf uns aus. Ich denke, viele hatten ähnliche Gedanken wie ich: Wenn schon in den USA ein Populist die Wahl gewinnen kann, wird diese Gefahr auch in Europa realer.«

Diese Angst war nicht unbegründet.

16.3.2017, 1:43: »Wahl in den Niederlanden: Rutte feiert, Wilders auf Rang zwei«[98]

Die *Tagesschau* berichtet: »Ein Sechstel der Niederländer wählt Populisten. … Zwar ist der große Sieg ausgeblieben, aber Wilders hat erneut zugelegt. Mehr als 13 Prozent der Niederländer haben für ihn gestimmt, dazu kommen noch 4 bis 5 Prozent für andere populistische Parteien.«[99]

7.5.2017, 20:00: »Macron gewinnt Präsidentschaftswahl gegen Le Pen«[100]

66,06 Prozent stimmen bei der Präsidentschaftswahl in Frankreich für Emmanuel Macron, 33,94 Prozent für Marine Le Pen. Ein Grund zum Aufatmen, aber nicht zum Feiern, denn: Gut 34 Prozent bedeuten

11,5 Millionen WählerInnen – so viele, wie der rechtspopulistische Front National noch nie zuvor für sich gewinnen konnte.[101]

24.09.2017, 20:46: »Union verliert deutlich, SPD schwach wie nie, AfD auf Platz drei«[102]

Am 24. September 2017 schaffte es die AfD in den Bundestag. Überraschend war das längst nicht mehr. Das Ergebnis jedoch schon: Ganze 12,6 Prozent der Wählerstimmen gingen an die Alternative für Deutschland – im Jahr 2013 waren es noch 4,7 Prozent. Damit hatte die Partei mehr Stimmen bekommen als die FDP, Die Linke, die Grünen und die CSU.[103] In Sachsen war sie sogar die stärkste Kraft – mit einem Vorsprung von 0,1 Prozentpunkten vor der CDU.[104]

Politisch waren die Jahre 2016 und 2017 für die jungen Generationen eine Geisterbahn der Gefühle. Während die BritInnen für den Brexit stimmten, machte sich in Deutschland bereits die AfD breit – im Europaparlament, in Landesparlamenten, aber vor allem in den politischen Debatten, in den Medien, ja, sogar auf der Straße, bei fremdenfeindlichen Kundgebungen und Demonstrationen und an den Küchentischen deutscher Familien. Um Weihnachten konnten wir in Magazinen nachlesen, wie wir am besten mit Onkel Klaus diskutieren, wenn er AfD-Parolen nachplappert, oder wie wir Mutti auch noch lieb haben können, wenn sie sagt, »Es ist ja auch nicht alles falsch, was die AfD will«.

Die angebliche »Alternative« für Deutschland hat sich eingenistet, und viele Junge fürchten, dass die großen Demokratien der Welt von Rechtspopulisten gekippt werden wie Dominosteine. Großbritannien, USA, dann kurzes Aufatmen, denn die Niederlande und Frankreich haben noch einmal die Kurve gekriegt. Gleichzeitig jedoch die Zweifel: Gibt es wirklich Grund zur Freude, wenn mehr als elf Millionen Menschen in Frankreich eine Rechtspopulistin wählen? Die Beliebtheit fremdenfeindlicher PolitikerInnen in den demokratischen Bastionen der Welt trieb uns Jungen die Schweißperlen auf die Stirn. In Deutschland gipfelte dieses Fiebern im Einzug der AfD in den Bundestag – und zwar als stärkste Oppositionspartei.

Schlimm genug, dass wir Jungen nun zum ersten Mal mit ansehen mussten, wie eine rechtspopulistische Partei Teil des gesetzgebenden Organs der Bundesrepublik wurde – da belegte sie gleich auch noch 92 Sitze.[105] Doch anders als beim Brexit oder der Wahl Donald Trumps ist der Einzug der AfD in den Bundestag kein Generationenthema. Am wenigsten Zuspruch findet die Partei bei der jüngsten (18- bis 24-Jährige) und der ältesten (70plus) Wählergruppe. Die Stimmanteile bei allen anderen Wählergruppen fallen jeweils ähnlich hoch aus.[106]

Wie junge AfD-WählerInnen ihre Unterstützung für die Partei begründen, hat das Studentenmagazin *Zeit Campus* erfragt. Hier ist eine Auswahl an Argumenten:

Rebecca, 26: »Ich hoffe, dass die AfD frischen Wind in den Bundestag bringt. Es gibt so viele Kleinigkeiten, die zu tun wären. Bessere Bildung, mehr Zuschüsse für die Kitas und Schulen, besonders in der Verpflegung. … Mehr Engagement von unseren Parteien wäre da sehr schön, und ich lege da viel Hoffnung in die AfD.«[107]

Philipp, 18: »In Bezug auf Flüchtlinge macht keiner außer der AfD etwas, die geht da ziemlich organisiert vor. Ich finde gut, dass sie einen Plan hat, wie es mit den Flüchtlingen weitergeht.«[108]

Das Thema AfD ist komplex, genau wie der Brexit, genau wie der gesamte Rechtsruck in den USA und Europa. Für viele von uns Jungen waren die politischen Entscheidungen der letzten beiden Jahre ein Verrat an unseren Werten, mit denen wir ganz selbstverständlich aufgewachsen waren – im Glauben, es gäbe über sie einen allgemeinen Konsens, zumindest mit den eigenen Landsleuten. Um unsere Werte zu verteidigen, aber auch um zu verstehen, was diejenigen bewegt, die sie verraten, haben sich viele junge Deutsche um neue

Dialogplattformen bemüht. Mit ihren Initiativen, Organisationen und Vereinen befeuern sie die politische Debatte in Deutschland wie lange nicht mehr. Denn kampflos geben wir unsere Zukunft nicht auf.

Jugend am Ruder: So sieht unser neues Engagement aus

Ob man nun seine Werte durch die AfD-, Trump-, Le-Pen- und Brexit-Anhänger verraten sieht oder durch die Politik davor und deshalb für AfD, Trump, Le Pen und Brexit gestimmt hat: Alle haben gemein, dass sie enttäuscht sind vom politischen Apparat, der in ihren Augen den Forderungen und Bedürfnissen großer Teile der Bevölkerung nicht mehr nachkommt. Ein politischer Apparat, auf den vor allem folgende Eigenschaften zutreffen: alt, eingerostet, undurchsichtig und zu großen Teilen elitär. Viele junge Menschen sehen keinen Sinn mehr darin, ihre Interessen in einer politischen Partei oder einer klassischen, altgedienten NGO zu vertreten. Seit Trump, Brexit und Co. haben sie aber die Dringlichkeit erkannt, wieder laut zu sein und auf sich aufmerksam zu machen. Deshalb erfinden die Jungen neue Formen des Protests und schaffen damit, was die Politik längst verpasst hat: Probleme zu benennen und da anzupacken, wo es nötig ist.

Eine dieser Jungen ist Paulina Fröhlich. Im Mai 2016 hatte sie gerade ihr Studium in Köln beendet und feierte bei einem Ausflug nach München zusammen mit ihrer Mutter ihren Geburtstag. Im Interview erzählt sie, wie dort eine Begegnung in einem Café ihr Leben veränderte.

Paulina, deine Tischnachbarn in einem Café waren ausschlaggebend für dein späteres Engagement bei Kleiner Fünf. Was ist damals passiert?

Meine Mutter und ich sind mit den beiden jungen Männern ins Gespräch gekommen, es war super nett, aber irgendwann bin ich kurz nach drinnen, um eine neue Runde für den Tisch zu bestellen. Als ich zurückkam, hatte sich die Stimmung verändert. Die Männer hatten eine aggressivere Körperhaltung, meine Mutter war eingeschüchtert. Einer der Männer ließ gerade seinem Hass auf Geflüchtete freien Lauf. Ich war schockiert. Und egal, wie man ihm begegnete – wütend, freundlich, mit Fakten –, er ließ sich nicht stoppen. Es war so schrecklich, wie hasserfüllt er war, dass mir irgendwann die Tränen kamen. Meine Mutter und ich sind dann aufgestanden und gegangen.

Paulina Fröhlich
Mitgründerin »Kleiner Fünf«
Jahrgang 1991
Kämpft für Toleranz &
Demokratie
*»Es ist inakzeptabel,
AfD zu wählen, weil der
Bus nicht fährt«*

Wie hast du dich gefühlt?

Ich habe Angst bekommen. Davor, dass noch mehr Menschen in unserem Land so denken wie er. Ich habe gemerkt, dass ich etwas tun muss. Das war erst mal – ziemlich lame, ich weiß – ein Facebook-Post. In dem habe ich mir Luft gemacht, das Erlebnis beschrieben und gesagt: Es ist Zeit, was zu tun.

Was hast du dann getan?

Zwei Dinge: Ich bin Mitglied der Grünen geworden und mit einem alten Bekannten in Kontakt getreten, der mir als Reaktion auf den Facebook-Post geschrieben hatte, »Geht mir genauso«, und mich zu einem Treffen einlud, bei dem eine Gruppe von circa 20 jungen Leuten ein Brainstorming dazu machte, was uns fehlt.

Und was war das?

Eine Anti-Rechts-Initiative, die alle Menschen anspricht – alle Altersgruppen, alle Berufs- und Bildungshintergründe, alle liberalen Gesinnungen. Der kleinste gemeinsame Nenner sollte das Grundgesetz sein. Die Aufmachung sollte modern und ansprechend, die Initiative auch im Netz, bei Social Media, präsent sein. Die Zielgruppe sollten Leute sein wie wir selbst – die in ihrem Freundes-, Bekannten-, Kollegenkreis mit rechtspopulistischen Parolen konfrontiert sind und nicht wissen, was sie tun sollen, sich aber unwohl fühlen. So wurde Kleiner Fünf geboren.

Und was war mit der Parteiarbeit?

Ich bin nach ein paar Monaten wieder ausgetreten, weil ich gemerkt habe, dass ich mit meinem Engagement bei Kleiner Fünf viel mehr erreichen kann.

KLEINER FÜNF

Initiative gegen Rechtspopulismus und für demokratische Teilhabe

www.kleinerfuenf.de

Ziel: Eine demokratische und weltoffene Zukunft
Strategie: Radikale Höflichkeit
Projekte: Bus der Begegnungen, Kommunikationsleitfäden, Workshops

Du warst von der Gründung von Kleiner Fünf im August 2016 bis zur Bundestagswahl in ganz Deutschland unterwegs – bei Workshops, Vorträgen, Interviews. Wurde dein Ehrenamt zum Fulltime-Job?

Anfangs hatte ich neben der Arbeit bei Kleiner Fünf noch Praktika gemacht – eins im Ausland, eins in Bonn. Ich hätte dann direkt ins Arbeitsleben starten können, aber Kleiner Fünf stand für mich an erster Stelle. Also habe ich irgendwann nur noch für Kleiner Fünf gearbeitet – dafür habe ich vom Verein den Mindestlohn bekommen. Mittlerweile arbeite ich hauptberuflich als Projektleiterin in einer Denkfabrik in Berlin, Kleiner Fünf ist »nur« noch Ehrenamt.

Es gibt eine Dokumentation über dich – *Egal gibt es nicht* **von Florian Hoffmann. Darin sieht man deine Enttäuschung über**

junge Leute in deinem Umfeld, denen irgendwie doch alles egal ist.

Ja, so viele waren einfach unberührt. Ich glaube, junge Menschen sollten sich engagieren, viele widmen sich aber lieber ihrem Lifestyle statt ihrer politischen Realität.

Woher kommt das?

Ich habe das Gefühl, dass in unserer Generation oft eine Kosten-Nutzen-Rechnung von Zeit gemacht wird. Die Außenwirkung zählt sehr viel – nicht, weil wir alle so oberflächlich sind, sondern weil uns schon in der dritten Klasse eingetrichtert wurde, dass man für alles Zertifikate und Belege braucht. Wir haben einen Lebenslauf der Leistung, alles muss unserer Karriere dienen. Wenn man sich engagiert, so wie ich es getan habe, legt man Karrieremöglichkeiten auf Eis. Das ist ein Risiko, dem sich viele junge Leute nicht aussetzen wollen.

Trotzdem war das Gründungsteam und die Mehrheit der Ehrenamtlichen von Kleiner Fünf in ihren späten 20ern …

Ja, das stimmt, es hätten allerdings noch mehr sein können. Wir haben aber unser Ziel erreicht und alle Altersgruppen angesprochen – wir hatten sogar 60-Jährige im Social-Media-Team.

Wie habt ihr es geschafft, auch Ältere anzusprechen?

Wir haben unsere Materialien so gestaltet, dass sich alle Altersgruppen angesprochen fühlen – daraufhin sind auch über alle Jahrgänge hinweg Menschen auf uns zugekommen. Einmal sogar ein Kirchenkreis von 70-Jährigen, mit denen wir dann einen Workshop gemacht haben.

Inwieweit wurde Kleiner Fünf durch dieses generationenübergreifende Engagement bereichert?

Wir konnten altersmäßig die ganze Bevölkerung abdecken – und dadurch verschiedene Lebensrealitäten. Man kommt besser mit Menschen ins Gespräch, wenn man selbst eine offene und diverse Gruppe ist.

Was konntet ihr mit Kleiner Fünf erreichen, was die Politik nicht geschafft hat?

Mit Menschen in den Dialog treten. Auch als PolitikerIn muss man Präsenz zeigen – vor allem lokal, und vor allem dort, wo die AfD sich breitgemacht hat. Man muss sich wie wir mit unserem »Bus der Begegnungen« auf den Weg machen, Menschen zuhören, nicht reagieren, sondern agieren. Wir haben in Gesprächen immer wieder gemerkt, wie frustriert viele Menschen waren, weil sie das Gefühl hatten, dass sie den PolitikerInnen egal sind. PolitikerInnen müssen sich um die Sorgen der BürgerInnen kümmern – aber auch deutlich machen, dass Politik keine Dienstleistung ist und es deshalb nicht okay ist, die AfD zu wählen, weil der Briefkasten abmontiert wurde oder der Bus nicht mehr fährt.

Politik als Dienstleistung. Mit dieser Idee wollten sich auch andere Junge nicht zufriedengeben. Sie waren enttäuscht von den amtierenden PolitikerInnen und beschlossen deshalb, ihre Zukunft selbst in die Hand zu nehmen. Zum Thema Europa sind viele neue Initiativen entstanden – als Antwort auf den Brexit, die Wahl Donald Trumps, aber vor allem auf das fehlende Bekenntnis der Politik zur Europäischen Gemeinschaft.

> **Silvan Wagenknecht**
> Initiator
> »Pulse of Europe« Berlin
> Jahrgang 1998
> Kämpft für die europäische Idee
>
> *»Unsere Aufgabe ist es, den PolitikerInnen Druck zu machen«*

»Viele Menschen haben sich nicht mehr von der Politik vertreten gefühlt«, erinnert sich Silvan Wagenknecht, Jahrgang 1998. »Europa war immer nur ein Randthema – selbst im Wahlkampf, als wir den ehemaligen Präsidenten des Europäischen Parlaments als Spitzenkandidaten der SPD hatten. Deshalb mussten wir was tun.« Mit »wir« meint Silvan die Pulse-of-Europe-Community, BürgerInnen, die sich in mittlerweile über 100 deutschen Städten und sogar im Ausland sonntags um 14 Uhr auf öffentlichen Plätzen treffen, Europa-Fahnen mitbringen, die *Ode an die Freude* singen und über Europa diskutieren.

Entstanden ist Pulse of Europe nach der Wahl Donald Trumps zum US-Präsidenten. Die Frankfurter Rechtsanwälte Sabine und Daniel Röder, Jahrgang 1972, wollten eine Gegenbewegung zum Rechtspopulismus starten – besonders in Hinblick auf die Wahlen, die 2017 in Europa anstanden. Sie wollten die schweigende Mehrheit der EU-Befürworter zusammenbringen und veranstalteten mit Freunden und Bekannten im November 2016 die erste Kundgebung in Frankfurt am Main. Silvan erfuhr davon in den Medien und war begeistert: »Für mich persönlich reichen Twitter und Facebook nicht aus – das ist nicht meine Art des zivilen Engagements. Die Idee von Pulse of Europe ist total einfach: Wir setzen ein positives Zeichen für Europa, ohne tiefgreifende Reformen zu fordern, denn damit bekommt man die Massen nicht.« Er beschloss, dass Berlin auch Pulse of Europe brauchte, setzte sich mit Daniel Röder in Kontakt, lernte von ihm, wie man eine Demo anmeldet, wie die Kundgebungen ablaufen. Zusammen mit acht anderen organisierte Silvan für den 12. Februar 2017 die erste Pulse-of-Europe-Demo in Berlin und die in den Wochen und Monaten danach. Da war er 18.

PULSE OF EUROPE
Bürgerbewegung
für die europäische Idee
https://pulseofeurope.eu/de
Ziel: Proeuropäischen BürgerInnen
eine Stimme geben
Strategie: Präsenz zeigen
Projekte:
Kundgebungen

Bis zu 6 500 Menschen versammelten sich in Berlin auf dem Gendarmenmarkt. Besonders kurz vor den Wahlen in Frankreich schlossen sich immer mehr Menschen der Bewegung an. Silvan begrüßte sie, führte durch den Nachmittag, machte Pressearbeit für die Bewegung. »Vor allem am Anfang, zwischen März und Mai, war es wirklich hart«, erinnert er sich, »es hat viel Spaß gemacht, aber ich hatte quasi zwei Fulltime-Jobs gleichzeitig – Pulse of Europe und meine Ausbildung.« Das dritte Lehrjahr seiner Ausbildung zum Mediengestalter machte Silvan damals auf Rügen an der Ostsee. Nach einem regulären Acht-Stunden-Tag folgten oft noch einige Stunden Ehrenamt für Pulse, am Wochenende dann ab nach Berlin, nach den

Kundgebungen am Sonntagnachmittag wieder zurück nach Rügen, um am Montag pünktlich im Betrieb zu sitzen. Aber das war es ihm wert. »Ich will Europa nicht kampflos aufgeben. Mit Pulse of Europe tragen wir Europa wieder in die Gesellschaft. Wir diskutieren vielleicht nicht über konkrete Reformen und Konzepte, aber wir lassen die Leute zu Wort kommen.«

Katja Sinko geht das nicht weit genug. »Nur den Status quo zu erhalten kann ja auch nicht die Lösung sein«, erklärt sie. »Klar ist es schwer, Menschen verschiedener politischer Richtungen für konkrete Reformen zu begeistern, aber nur, wenn man den Diskurs unterfüttert, ändert sich was.« Für eine Petition an den Deutschen Bundestag mit der Forderung nach mehr Europapolitik hat die Gründerin der Kampagne The European Moment elf proeuropäische Initiativen zusammengebracht und 7 000 Unterschriften gesammelt. »Ich hätte nie gedacht, dass wir uns nach nur drei Treffen auf einen Text einigen können, aber es hat geklappt.« An diese Arbeit will Katja auch in Zukunft anknüpfen, zum Beispiel, wenn es auf die Europawahlen zugeht. »Sonst macht jeder immer nur seins. Das ist ein Problem. Die RechtspopulistInnen haben sich alle zusammengetan, da können wir ProeuropäerInnen das doch erst recht!«

THE EUROPEAN MOMENT
Kampagne zur Mobilisierung proeuropäischer Kräfte
http://theeuropeanmoment.eu
Ziel: Proeuropäische Initiativen vernetzen
Strategie: Zusammenarbeit
Projekte: Demonstrationen, Bundestagspetition

Die Idee für die Kampagne The European Moment ist bei ihrer ehrenamtlichen Arbeit im Vorstand der Jungen Europäischen Bewegung Berlin-Brandenburg (JEB) entstanden. »Während eines unserer Treffen dachte ich mir: Ich hab keinen Bock mehr zu reden, ich muss endlich was tun!« Es war das Jahr 2016, das Katja zugesetzt hatte: das Brexit-Referendum, die Wahl Donald Trumps, die wachsende Unterstützung für die AfD. »Ich hatte das Gefühl, alle seien in einer Art Schockstarre.« Zur JEB-Veranstaltung *Unser Europa kriegt ihr nicht* kamen etwa 80 junge Leute, die wie Katja beschreibt, »alle ein bisschen Angst hatten«.

»Dort haben wir beschlossen, dass wir die schweigende Mehrheit, die Europa nicht den PopulistInnen überlassen will, jetzt mal darstellen müssen.« Durch eine hippe Social-Media-Kampagne, Diskussionsveranstaltungen, einer großen Demo zum 60. Jahrestag der Römischen Verträge, aber auch Fahrraddemos und schließlich die Bundestagspetition hat Katja das geschafft – zusammen mit einer kleinen Gruppe junger Engagierter.

Für UnterstützterInnen war es einfach, sich zu beteiligen: Plakate malen, Luftballons für die Demo organisieren, ein Facebook-Video produzieren. Jeder konnte mitmachen, dennoch blieb viel Arbeit bei den InitiatorInnen hängen. »Das Kernteam bestand nur aus fünf Leuten. Für mich war es ein Fulltime-Job, denn den Überblick über alle Aktionen, HelferInnen und die Öffentlichkeitsarbeit zu behalten kann man sonst nicht schaffen.« Nebenbei gearbeitet hat die Studentin auch noch, denn nur von politischen Diskussionen können auch AktivistInnen nicht leben. Und dann wäre da noch die Masterarbeit, die Katja eigentlich schreiben wollte. Die musste noch ein Jahr warten. Europa zu verändern hat eben Priorität.

Was haben junge Leute zu verlieren, wenn Europa zerfällt?

Die Reisefreiheit und die Möglichkeit, überall in der EU arbeiten zu können – man sieht das ja bei den Briten. Gerade die Generation Erasmus hat jetzt das Gefühl, die Zeit würde zurückgedreht. Aber es geht um noch viel mehr, nämlich darum, unsere Zukunft zu gestalten. Wann gab es denn zum letzten Mal eine Utopie? Über die Punkte, die unsere PolitikerInnen zu Europa in den Koalitionsvertrag geschrieben haben, kann man nur den Kopf schütteln – so vage sind die einzelnen Schritte und Maßnahmen. Wir müssen zuerst das Vertrauen in Europa wiederherstellen.

Katja Sinko
Initiatorin
»The European Moment«
Jahrgang 1990
Kämpft für ein besseres Europa
»Will man Einfluss nehmen, muss man sich organisieren.«

Wirst du als junge Europa-Aktivistin von Älteren ernst genommen?

Ich habe die Erfahrung gemacht, dass PolitikerInnen sehr interessiert an dem waren, was wir bei The European Moment machen. Als wir für die Bundestagspetition auch noch mehrere Initiativen vereinen konnten, haben das viele Abgeordnete als Erfolg gewertet.

Wie kann man mehr Menschen für politisches Engagement begeistern?

Zivilgesellschaftliche Akteure müssen stärker in den politischen Prozess eingebunden werden. Das ist der Schlüssel. Es gibt viele Leute, die aktiv sind, aber sie müssen ihr Engagement und ihre Ideen auch wirksam in den politischen Prozess einbringen können.

Eine eurer großen Aktionen war der March for Europe, eine Demonstration für Europa zum 60. Jahrestag der Römischen Verträge. Sind Demos wieder in Mode?

Demos sind super fürs Agenda-Setting, und sie müssen natürlich nicht old school sein. Das haben wir gezeigt – mit einem modernen Corporate Design und catchy Sprüchen. Aber natürlich kann eine Demonstration nur ein symbolisches Zeichen sein und wird allein nichts verändern. Es muss Folgeaktionen geben, die das Thema auf die Agenda setzen und politischen Handlungsbedarf einfordern, wie in unserem Fall die E-Petition.

Um Europa zu verändern und die europäische Idee verteidigen zu können, muss man erst einmal verstehen, was überhaupt hinter der europäischen Idee steckt. Für Vincent und Martin, Jahrgang 1988 und 1986, kam diese Erkenntnis 2014. Während einer Interrail-Reise tourten sie durch 14 europäische Länder, trafen verschiedenste EuropäerInnen und waren beeindruckt von der kulturellen Vielfalt, die sich ihnen präsentierte. Sie schätzten sich glücklich, Teil dieses Europas sein zu dürfen, und wollten, dass möglichst viele Menschen ihr Empfinden teilen können. Eine Idee war geboren: #FreeInterrail.

Hinter dem Hashtag verbirgt sich eine deutliche Forderung: nach einem kostenlosen Monats-Interrail-Pass für alle 18-Jährigen Europas. Die Reaktionen auf die Idee waren überwältigend. Mitglieder des Europäischen Parlaments luden die Aktivisten ein, ihre Idee vorzustellen, die UnterstützerInnenliste machte nicht halt vor Landes- und Parteigrenzen. Vincent und Martin reisten durch Europa, um das Konzept zu promoten – alles ehrenamtlich, neben ihren Hauptberufen in der Stiftungs- beziehungsweise Verbandsarbeit.

Herr & Speer
Initiatoren »#FreeInterrail«
Jahrgang 1988 & 1986
Kämpfen für Jugendbeteiligung, Gleichheit der Geschlechter, soziale Gerechtigkeit
»Change begins with awareness.«

Der mittlerweile detailliert ausgearbeitete Vorschlag zu #FreeInterrail wurde im Europaparlament diskutiert, im März 2018 gab die EU-Kommission schließlich bekannt: Im EU-Haushalt 2018 sind zwölf Millionen Euro für bis zu 30 000 Interrail-Tickets vorgesehen. Zwar sind das noch nicht die geforderten Tickets für alle 18-Jährigen, aber zumindest haben alle im Jahr 2000 geborenen EuropäerInnen nun die Möglichkeit, sich über ein Internetportal um Tickets zu bewerben.[109] Im Mai dann die nächste Überraschung: Die Europäische Kommission gab bekannt, dass in der Finanzplanung für 2021 bis 2027 bis zu 700 Millionen Euro für kostenlose Interrail-Tickets vorgesehen sind.[110] Der Anfang ist gemacht. Nach jahrelanger Arbeit ist es für Martin und Vincent mehr als das: »Ein wichtiger Meilenstein.«[111]

#FREEINTERRAIL
Projekt für ein kostenloses Interrailticket für 18-jährige EuropäerInnen
http://freeinterrail.eu
Ziel: Europäische Identität schaffen
Strategie: Begegnung

Eine neue Etappe kündigte auch Angela Merkel an. Mit einem Satz, mit dem sie wohl in die Geschichtsbücher der Bundesrepublik eingehen wird: »Wir schaffen das.« Anlass für diese Aussage waren die vielen Geflüchteten, die seit dem Jahresende 2014 nach Deutschland gekommen waren – auf der Suche nach Schutz vor Verfolgung, Vertreibung, Krieg. Dass »wir« »das« schaffen können, sagte Merkel im August 2015. Tausende Ehrenamtliche haben daraufhin tatsächlich angepackt. Wohl weniger, weil sie sich von Merkels »wir« angesprochen fühlten, sondern weil sie den Eindruck hatten, dass die meisten von denen, die mit »wir« gemeint waren, »es« eben nicht schafften. Vor allem nicht die PolitikerInnen. Und wieder zeigten viele von uns Jungen, was wir am besten können: einfach mal machen.

890 000 Asylsuchende kamen im Jahr 2015 nach Deutschland,[112] sämtliche Behörden waren überfordert, die Unterbringungslage war katastrophal. Massenunterkünfte wurden aus dem Boden gestampft – Sporthallen, Zelte, Container. In manche Unterkünfte wurden Tausende Menschen gequetscht – traumatisiert und verängstigt, mit Hoffnung auf ein besseres Leben. Doch ein gutes Leben und die Integration in eine neue Gesellschaft sind in diesen Unterkünften kaum möglich. Warum können geflüchtete Menschen nicht einfach in WGs wohnen, fragten sich Mareike Geiling und Jonas Kakoschke.

Zum ersten Mal kam ihnen dieser Gedanke schon im Herbst 2014, als Mareike, Jahrgang 1987, für ein halbes Jahr nach Kairo zog und ihr WG-Zimmer in Berlin frei wurde. Zu dieser Zeit kampierten Geflüchtete am Berliner Oranienplatz – aus Protest gegen die miserablen Unterkunftsbedingungen für AsylbewerberInnen. Mareike wollte die Gruppe unterstützen und ihr Zimmer jemandem von den Demonstranten zur Verfügung stellen. Mit ihrem Mitbewohner sammelte sie Kleinstspenden aus dem Freundes- und Familienkreis, um die Miete zu finanzieren, den Kontakt zu geflüchteten Menschen fanden die beiden über die Sozialarbeiterin Golde Ebding. Die Vermittlung verlief problemlos – so einfach sogar, dass sich Jonas, Mareike und Golde fragten, warum nicht noch mehr Deutsche eine geflüchtete Person in ihrer Wohngemeinschaft aufnahmen.

Kurzerhand setzten die drei eine Website auf, nannten ihr Projekt »Flüchtlinge Willkommen« und erzählten FreundInnen von der Idee: eine Art WG Gesucht für Geflüchtete. Das Konzept kam super an, innerhalb einer Woche meldeten sich 80 Menschen, die ein Zimmer frei hatten und es teilen wollten. Mareike beschreibt es in ihrer Rede beim Finale des Act-for-Impact-Förderpreises in München so: »Quer durch die Gesellschaft teilen Menschen die Auffassung, dass ein Leben in Massenunterkünften weder menschenwürdig noch in irgendeiner Form gewinnbringend für irgendwen ist.«[113]

Aus einem Wohnprojekt entwickelte sich ein Kulturaustausch, wie er in Wohngemeinschaften nun einmal zwangsläufig stattfindet: Man lernt voneinander, tauscht seine Lebenswelten. Mittlerweile ist aus Flüchtlinge Willkommen eine NGO geworden – mit etwa sieben Hauptamtlichen und rund 60 Engagierten. Mehr als 400 neue Wohngemeinschaften wurden über die Plattform in Deutschland vermittelt. Ableger gibt es jetzt auch in elf weiteren europäischen Ländern sowie in Kanada und Australien. Doch mit der Bekanntheit des Projekts kamen auch die Hetzer. Fremdenfeindliche Gruppen machten das Team von Flüchtlinge Willkommen zur Zielscheibe ihres Hasses: Wohnungsangebote mit rassistischen Kriterien erreichten die Plattform, das Gründungsteam wurde immer wieder angefeindet und bekam sogar Morddrohungen von Rechten. Davon erzählen Mareike und Jonas dem Online-Magazin *jetzt.de*: Mittlerweile gebe es sogar eine speziell für sie zuständige Kriminalkommissarin bei der Berliner Polizei. Menschen, die sich in der Flüchtlingshilfe engagieren, müssen sich oft mit rechtspopulistischen Drohungen herumschlagen. Gegenüber *jetzt.de* sagt Jonas: »Ich verstehe auch nicht, warum man nicht ein bisschen dankbarer ist – gerade wenn man Angst vor geflüchteten Menschen hat. Dann will man doch, dass die ein Zuhause haben, dass die Chancen bekommen und die Situation nicht eskaliert.«[114]

Chancen will auch das Team von »Über den Tellerrand kochen« vergeben. Wie bei Flüchtlinge Willkommen hat auch die Gründungsgeschichte dieses Vereins mit dem Protestcamp am Berliner Oranienplatz zu tun. Im Rahmen eines Uniprojekts tauschten sich

FLÜCHTLINGE WILLKOMMEN
WG-Zimmer-Vermittlung
für Geflüchtete
www.fluechtlinge-willkommen.de
Ziel: Wohnraum für Geflüchtete,
Dialog zwischen Einheimischen
und Geflüchteten
Strategie:
Online-Plattform

Studierende dort 2013 mit Geflüchteten über ihre Lieblingsgerichte aus. Man wollte sich übers Kochen kennenlernen, und für die Studierenden war schnell klar: Das ist super, das müssen wir öfter machen. Sie organisierten Kochevents, bei denen in entspannter Atmosphäre deutsche, arabische und afrikanische Speisen zubereitet wurden – die Abende glichen einer Zusammenkunft von Freunden, bei der es gar nicht darum ging, zwischen Geflüchteten und Einheimischen zu unterscheiden. Hier konnte man ins Gespräch kommen, es wurden Freundschaften geschlossen. Gelebte Integration. Eine Ehrenamtliche, Johanna, schwärmt: »Hier kann jeder seine eigene Persönlichkeit darstellen, statt isoliert in einer Flüchtlingsunterkunft zu sitzen.«

Mittlerweile veranstaltet der Verein nicht nur Begegnungs-Events und Stammtische, sondern auch professionelle Kochkurse, Buddy-Programme und Mentoring für den Einstieg in den Arbeitsmarkt – und das alles deutschlandweit.

Den Arbeitsmarkt hat sich auch eine andere junge Engagierte vorgeknöpft: Anne Kjær Riechert, Jahrgang 1982, gründete zusammen mit Ferdi van Heerden die ReDI School of Digital Integration – eine Programmierschule für Flüchtlinge. Bei einem Gespräch in einer Geflüchtetenunterkunft im August 2015 in Berlin brachte Anne zwei drängende Probleme der deutschen Politik zusammen: die Integration der Geflüchteten in den Arbeitsmarkt und den Fachkräftemangel. »Mir ist aufgefallen, dass es in Deutschland über 40 000 unbesetzte Programmierjobs gibt, auf der anderen Seite aber viele Geflüchtete hier leben, die Programmier-vorkenntnisse haben oder zumindest technikaffin sind«, erzählt sie. »Oft haben sie ihren Fluchtweg mit dem Smartphone bestritten. Viele sprechen außerdem zwei Sprachen, und das Wichtigste ist die Menta-lität, die sie haben: Man muss schon ein Pionier sein, um sein Land zu verlassen. Wer seine Familie und Freunde zurücklässt, um sich eine bessere Zukunft aufzubauen, ist sicher sehr motiviert.« Deshalb hat sich Anne zur Aufgabe gemacht, die Geflüchteten mit der Wirtschaft zusammenzubringen. Der Plan: Geflüchteten kostenlose Kurse im Bereich IT anbieten, in denen wiederum Kontakte zu Unternehmen geknüpft werden können, die auf der Suche nach motivierten Mitar-beiterInnen sind. Die Klassen werden von ehrenamtlichen LehrerIn-nen unterrichtet, die Vorkenntnisse aus ihrem eigenen Studium oder Job haben.

Die Arbeit des Gründungsteams war lange ehrenamtlich. »Anfangs habe ich das Projekt nachts, neben meinem Vollzeitjob, gestemmt,« erinnert sich Anne, »irgendwann ging das nicht mehr, dann musste ich mich entscheiden. Wir haben uns durch Spenden finanziert, das ganze Team hat sechs Monate lang ehrenamtlich gear-beitet. Es war nicht immer leicht, aber mein Rezept war, meiner Idee zu ver-trauen und hart zu arbeiten.«

Im Februar 2016 sollte sich für die RcDI School dann alles ändern, denn hoher Besuch stand ins Haus: Facebook-Gründer Mark Zuckerberg. »Ich habe Freunde, die bei Facebook arbeiten, und als Mark Zuckerberg nach Berlin kam, wollte er unbedingt ein Flüchtlings-projekt besuchen. Auf Empfehlung meiner Freunde hat er sich für uns entschieden.« 30 Minuten sollte der Besuch dauern, alles musste streng geheim sein, selbst die SchülerInnen, die beim Besuch dabei sein durften, wussten bis zur letzten Minute nicht, welche Berühmt-heit ihnen die Ehre erweisen würde. Für Anne war es ein einmaliges

REDI SCHOOL OF DIGITAL INTEGRATION
Programmierschule für Geflüchtete
www.redi-school.org
Ziel: Geflüchtete in den Arbeits-markt integrieren, Fachkräfte-mangel reduzieren
Strategie: Programmier-Unterricht, Netzwerk-Treffen

Erlebnis: »Es war toll. Mark Zuckerberg sprach mit unseren Studenten. Besonders schön fand ich seine Unterhaltung mit Rami. Rami erzählte Zuckerberg von einem Virtual-Reality-Projekt, das er plant, um mit seiner Mutter in Aleppo sprechen und dabei seine Heimat sehen zu können. Umgekehrt soll seine Mutter sehen, wie er lebt. Bei diesem Gespräch trafen so viele Welten aufeinander: Humanität und Technologie, Syrer und Amerikaner, Geflüchteter und Milliardär. Durch die Technologie sind sie einfach zu zwei Geeks auf Augenhöhe geworden.« Mark Zuckerberg war seinerseits auch angetan – und spendete der ReDI School 100 000 Euro.

Mindestens genauso wertvoll war für die Schule aber die Medienaufmerksamkeit, die ihr durch den Facebook-Gründer zuteilwurde. Bald kam auch Angela Merkel zu Besuch, die Schule konnte große Partner wie Cisco, Bosch, Daimler, Microsoft und SAP gewinnen und einen Ableger in München gründen. Mehr als 74 Klassen wurden inzwischen an der ReDI School unterrichtet, fast 200 MentorInnentreffen abgehalten. Viele der SchülerInnen konnten in Praktika und Jobs vermittelt werden – oder haben in den Klassen und bei Events zumindest neue Kontakte geknüpft, neue Fähigkeiten erlernt und sich als Teil einer Gemeinschaft fühlen können.

Viel Medienaufmerksamkeit hat auch eine Gruppe Jugendlicher bekommen, die einfach nicht glauben konnten, wie vielen Menschen die Chance verwehrt wird, Teil der europäischen Gemeinschaft zu sein. Es war im April 2015, als die Nachrichten über gekenterte Flüchtlingsboote vor der Küste Lampedusas berichteten – mehr als 700 Tote.[115] Jakob Schön, Jahrgang 1996, war entsetzt von den Nachrichten und verstand nicht, warum man diese Menschen nicht retten konnte. Oder wollte. Zusammen mit seiner Mitbewohnerin Lena Waldhoff, Jahrgang 1992, gründete er den Verein Jugend Rettet, der das Ziel hatte, mit einem eigenen Schiff Flüchtlinge aus dem Mittelmeer zu retten.[116] »Wir zeigen, dass es möglich ist, etwas gegen das Sterben zu tun«, heißt es auf der Seite des Vereins, »Damit durchbrechen wir das Gefühl der Ohnmacht, welches aktuell in der Politik herrscht.«[117]

Dem Verein schlossen sich viele junge Menschen an, bald konnte durch Spenden finanziert, ein Schiff, die *Iuventa*, erworben werden, im Juli 2016 zog sie in einer ersten Rettungsmission aufs Meer und rettete nach Angaben des Vereins 1388 Menschen. Insgesamt sollen 2016 in sieben Missionen 6256, 2017 in acht Missionen 10000 Menschen gerettet worden sein.[118] Dabei muss sich das Team allerhand gefallen lassen: Beschlagnahmung der *Iuventa* durch die italienischen Behörden, Vorwurf der Zusammenarbeit mit Schleppern. Die Organisation weist die Vorwürfe von sich und rettet weiter. Mit immer wieder neuen ehrenamtlichen HelferInnen und auf Basis von Spenden.

JUGEND RETTET
Verein zur Seenotrettung Geflüchteter
https://jugendrettet.org
Ziel: Europäisches Seenotrettungsprogramm
Strategie: Rettungsmissionen mit dem Vereinsschiff »Iuventa« auf dem Mittelmeer

Diese Auswahl an engagierten jungen Menschen wird der Vielzahl der Initiativen, Vereine, Kampagnen und Engagierten keinesfalls gerecht. Sie ist eine Auswahl, die sich vor allem auf die Themenbereiche Europa und Fremdenfeindlichkeit bezieht. Während meiner Recherchen bin ich aber noch vielen anderen jungen Menschen begegnet, die zum Beispiel …

… mit einsamen SeniorInnen stricken, wie die Mitglieder des Vereins Tante Inge;

… Bäume pflanzen, um das Klima zu schützen, wie Felix Finkbeiner und seine MitstreiterInnen von Plant for the Planet;

… mit PolitikerInnen über Chancengerechtigkeit im Bildungssystem streiten, wie Natalya Nepomnyashcha und ihre KollegInnen von Netzwerk Chancen;

… für eine plastikfreie Umwelt kämpfen, wie Milena Glimbovski;

… mit Geflüchteten Deutschvokabeln üben, Bildungsreisen in Konfliktregionen organisieren oder Spenden sammeln, um Menschen ein Grundeinkommen finanzieren zu können.

Es zeigt sich, dass Junge auch dann Wege finden, ihre politischen Anliegen vorzubringen, wenn ihnen klassische Methoden wie Mitbestimmung in Parlamenten verwehrt bleiben. Wir sind schließlich die MeisterInnen in Flexibilität – was wir in Schule, Ausbildung und Job gelernt haben, wenden wir jetzt auf unser politisches Engagement an. Das ist zwar mit viel Anstrengung verbunden, doch für uns oft der einzige Weg, wenn PolitikerInnen in unseren Augen ihren Job nicht machen. Während sie noch darüber diskutieren, ob KellnerInnen in Berlin den Espresso auf Deutsch oder Englisch abkassieren sollen und wie schlimm sich ein fleischloser Kantinentag auf die kulturelle Identität der Deutschen auswirken würde, gibt es viele Ehrenamtliche, unter ihnen sehr viele Junge, die lösungsorientiert und mit Feuereifer die Probleme einfach mal am Kragen packen:

Hallo, liebe Politik, schön, dass du noch da bist. Wir übernehmen jetzt.

KAPITEL 3

Showstopper altes Establishment

Warum wir die gläserne Decke einschlagen müssen

>> *Die Jugend kann nicht wissen, wie die Alten denken und fühlen. Aber alte Männer machen sich schuldig, wenn sie vergessen, wie es war, jung zu sein.* <<

Albus Dumbledore in *Harry Potter und der Orden des Phönix*

All die neuen Formen des Engagements haben eines gemein: Sie sind überparteilich, themenbezogen und lassen Engagement schnell, effektiv und größtenteils ohne feste Zeitrahmen zu. Diana Kinnert, Jahrgang 1991, Mitverfasserin eines Elf-Punkte-Plans für generationengerechte Parteien und Mitglied der CDU, bringt es in ihrem Buch *Für die Zukunft seh' ich schwarz* auf den Punkt: »Die junge Generation engagiert sich mehr, vielgestaltiger und konsequenter als je zuvor. … Sie ist für mich wie keine andere die Generation Bürgergesellschaft. … Politischer Aktivismus, wie meine Generation ihn auslebt, ist hierarchiefrei und teilweise anarchisch, er ist digital und mobilisierend, themenspezifisch und projektorientiert, kampagnenhaft und impulsgebend. … Er bietet all das, was den klassischen Formen der Politik fehlt.«[119]

Anders als Diana Kinnert sehen aber viele junge Menschen in den etablierten Parteien keine Plattform für ihr Anliegen. Woher kommt dieses Misstrauen? Liegt es an den PolitikerInnen selbst, die oft Jahre, ja, Jahrzehnte an ihren Posten festhalten und keine neuen Ideen zulassen? Oder liegt es an dem verkrusteten System der Parteien – ihren Organisationsformen und Mitgestaltungsmöglichkeiten? Warum sehen sich viele junge Menschen so schlecht in der Politik vertreten, dass sie nicht nur ihren eigenen Protest auf andere Plattformen verlagern, sondern sich vielleicht nicht einmal mehr an der Wahl beteiligen? Dieses Kapitel wirft einen Blick auf die EntscheiderInnen in Politik und Wirtschaft, die den Showstopper mimen, indem sie sich jungen Menschen, die versuchen, eine oder einer von ihnen zu werden, in den Weg stellen.

Wie die Alten Politik, Wirtschaft und Gesellschaft dominieren

Müsste man die politische Landschaft in Deutschland mit einer Farbe beschreiben: Grau wäre die richtige Wahl. Ähnliches gilt für die gesamte deutsche Gesellschaft. 2017 waren schon mehr als die Hälfte der Wahlberechtigten (56,1 Prozent)[120] über 50 Jahre alt, die Mitglieder der meisten Parteien hatten durchschnittlich bereits mindestens ihren 59. (CSU, Die Linke), oft sogar ihren 60. Geburtstag (CDU, SPD) hinter sich gebracht.[121] Dementsprechend runzlig sieht es auch im Bundestag aus: Aktuell repräsentieren 51,2 Prozent über 50-Jährige, 40,6 Prozent 35- bis 49-Jährige und nur rund 8 Prozent unter 35-Jährige die gesamte deutsche Bevölkerung.[122]

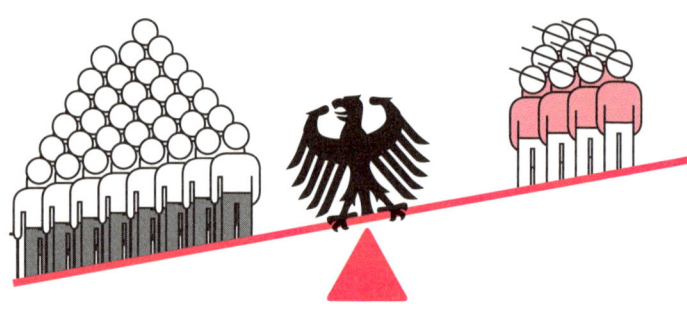

34,5 Millionen der Wahlberechtigten in der Bundesrepublik waren 2017 über 50, das sind 56,1 % der Wahlberechtigten. Unter 30 waren nur 9,4 Millionen, also 15,4 % der Wahlberechtigten in Deutschland.

Quelle: Basierend auf Informationen des Bundeswahlleiters zur Bundestagswahl 2017

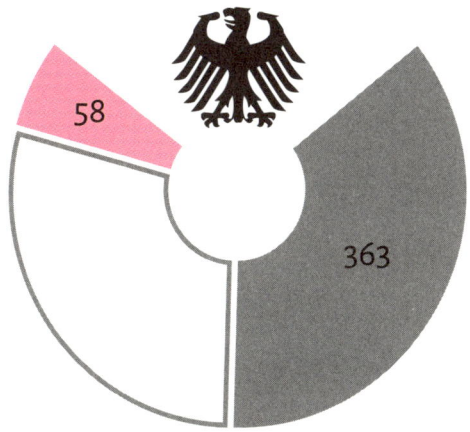

Im Bundestag sind die Jungen derzeit unterrepräsentiert. Nur 58 unter 35-Jährige sitzen 363 über 50-Jährigen gegenüber.

Quelle: Datenhandbuch Deutscher Bundestag

Es heißt, die einflussreichsten Lobbygruppen Deutschlands seien Krankenkassen,[123] die Pharma-, Energie- und die Automobilindustrie.[124] Dabei wird eine große Gruppe vergessen: die Alten. Sie haben zwar keinen eigenen Verband, dafür hat jedes einzelne Mitglied der Gruppe etwas, das PolitikerInnen unbedingt haben wollen: eine WählerInnenstimme. Rund 16 Prozent der deutschen Bevölkerung jedoch verfügen nicht über dieses Druckmittel: die Minderjährigen. Wie schon in Kapitel eins festgstellt, sind es mehr als 13 Millionen junge Menschen, deren Stimme nicht zählt.

Das macht die ohnehin schon kleine Lobbygruppe der Jungen noch schwächer. Als WählerInnengruppe sind die unter 18-Jährigen schließlich unattraktiv. Sie können erst in der Zukunft wählen – und die geht für PolitikerInnen meist nur bis zur nächsten Wahl. Ohne die unter 18-Jährigen bleiben den unter 35-Jährigen also noch etwa 17 Millionen Wahlberechtigte – ungefähr so viele, wie schon allein die über 60-Jährigen auf die Waage bringen.[125] Und in Zukunft wird sich dieser Kontrast noch verschärfen. Bevölkerungsprognosen zufolge soll der

Rund 13 Millionen Junge sind in Deutschland gar nicht wahlberechtigt.
Das macht die Alten zu einer noch größeren Lobbygruppe.

Anteil der über 60-Jährigen bis 2060 von aktuell 27,1 auf 38,2 Prozent ansteigen.[126]

Dass das zum Problem werden wird, zeigte eindrücklich ein Simulationsspiel des Bayerischen Landtags im Juni 2016. Das Parlament der Generationen, organisiert von der Akademie für Politische Bildung Tutzing, lud BürgerInnen des Freistaats dazu ein, Teil eines beziehungsweise zweier Parlamente zu sein, welche die Realität des demografischen Wandels jeweils für 2016 und 2050 abbildet. Entsprechend der Zusammensetzung der deutschen Gesellschaft in diesen Jahren bezüglich Alter, Geschlecht und Migrationshintergrund (für 2050 wurde eine Prognose herangezogen) durften die TeilnehmerInnen zwei Tage lang in die Rollen von Abgeordneten schlüpfen. Die Besonderheit: Statt nach Parteien erfolgte die Fraktionsbildung nach Generationen.

Und das waren die Fraktionen:

Starter: die 15- bis 30-Jährigen, die sowohl 2016 als auch 2050 mit Abstand die kleinste Gruppe stellen – mit einmal 14 und später nur noch zwölf Abgeordneten, was ungefähr einem Anteil von 17 Prozent der Abgeordneten entsprach;

Macher: die 31- bis 50-Jährigen;

Könner: die 51- bis 66-Jährigen;

Kenner: die über 67-Jährigen, die im Parlament 2016 noch die zweitkleinste Gruppe stellen, mit einem Anteil von 22 Prozent, während sie 2050 mit einem Anteil von 36 Prozent der Abgeordneten die größte Fraktion bilden.

Die Simulation war so konzipiert, dass sie mögliche Konflikte zwischen den Generationen herausstellte. So mussten die Abgeordneten beispielsweise in den simulierten Ausschüssen Bildung und Regionen entscheiden, ob Erwachsenen- oder Kinderbildung, Pflege oder Kinderbetreuung gefördert werden soll.

Obwohl bei fraktionsinternen Diskussionen deutlich wurde, warum Fraktionen im wahren Leben nach politischer Gesinnung gebildet werden, lernten die Starter schnell zusammenzuhalten, um überhaupt gehört zu werden.

Beispiel öffentlicher Nahverkehr: Für die Jungen spielten Mitfahrgelegenheiten und Carsharing eine große Rolle, während sie vielen Älteren erst einmal erklären mussten, was sie damit überhaupt meinten.

Beispiel Kinderbetreuung: Zu diesem Thema ging es im Ausschuss für regionale Entwicklung 2016 heiß her. Eine Förderung für den Ausbau von Kitas, Kindergärten und Co. wurde vom Ausschuss abgelehnt, die Älteren stimmten geeint dagegen. Ihre Begründung: »Früher ging's ja auch.« Ein Klassiker.

Nikolaus, mit *15* Jahren der jüngste Teilnehmer der Simulation, ging enttäuscht aus der Debatte: »Im Bildungsausschuss wurde unsere Meinung ernst genommen, da wir ja noch sehr nah dran sind an der Schule oder Uni. Bei den regionalen Themen sah es anders aus. Zur Kinderbetreuung mussten wir uns Vorwürfe anhören – wir würden unsere Kinder gar nicht betreuen, sondern sie sich selbst überlassen.«

Klar, die Diskussionen waren zugespitzt, reale Konfliktlinien wurden im Diskurs aber trotzdem sichtbar. Entschieden wird entsprechend der eigenen Lebenswelt.

Übrigens: Während sich die Generationen »Könner« und »Macher« häufiger gegen die Interessen der Jungen stellten, zeigte die Generation 67plus oft mehr Verständnis für die Bedürfnisse der 15- bis 30-Jährigen.

Am Ende blieben die Jungen mit ihrer geringen Stimmkraft ratlos zurück. Ihre Interessen zu vertreten, das hat das Spiel gezeigt, schaffen sie nicht alleine. Die älteren PolitikerInnen müssen ein Interesse an Politik für alle Generationen haben. *Franziska, 29*, hat aus dem Parlament der Generationen gelernt: *»Wir brauchen mehr junge Leute in der Politik, die ihre Stimme für die Jüngeren erheben*. Die müssen dann mit den anderen Generationen ins Gespräch kommen. Der Dialog muss gefördert werden.« Nur so finden die jungen Lebenswelten überhaupt einen Platz im politischen Diskurs.

Die Qual der Wahl

Die deutsche Jugend hat zwar noch keine solch traumatisierenden Abstimmungserlebnisse hinter sich wie die Jugend in Großbritannien oder in den USA (siehe Kapitel zwei), doch würde morgen über die Zukunft abgestimmt werden: Es ist gut möglich, dass sie aus Versehen und mit tiefster Überzeugung der Alten abgeschafft werden würde. Die Jungen hätten es dann wohl verpasst, ihre Stimme abzugeben, waren zu bequem, zu abgelenkt, oder sie sahen einfach keinen Sinn darin, wählen zu gehen. Gut, dann eben keine Zukunft.

Die Wahlbeteiligung der jungen Menschen in Deutschland, nun ja, sagen wir, sie hat Potenzial nach oben: Die Gruppe der 21- bis 24-Jährigen war bei der Bundestagswahl 2017 die mit der niedrigsten

Wahlbeteiligung (67 Prozent), und auch bei den ErstwählerInnen lag sie mit 69,9 Prozent noch unter dem landesweiten Durchschnitt von 76,2 Prozent.[127] Die in Kapitel zwei beschriebenen Begründungen der NichtwählerInnen zeigen, dass sich die niedrige Wahlbeteiligung der Jungen und das Politikmachen für die Alten gegenseitig bedingen. Gehen weniger Junge wählen, wird ihre Meinung weniger abgebildet, spielt die junge WählerInnengruppe eine noch geringere Rolle beim Wahlkampf, wird Politik für die starken WählerInnengruppen gemacht, sind die Jungen enttäuscht von der Politik, gehen nicht wählen. Und wieder von vorne.

Dass Junge in der Politik ihre Lebensrealität nicht wiederfinden, zeigt eine Umfrage des Marktforschungsinstituts Civey aus dem Januar 2018. Mehr als 80 000 TeilnehmerInnen hatte die Umfrage. Sie fragte: *»Denken Sie, dass Ihre Generation in der Politik ausreichend repräsentiert wird?«* Eine Auswahl der Ergebnisse:

18- bis 29-Jährige:
37,9 Prozent sagen »eher nein«,
45 Prozent sagen »nein, auf keinen Fall«.
Das macht 82,9 Prozent, die sich nicht repräsentiert fühlen.

30- bis 39-Jährige:
37,4 Prozent sagen »eher nein«,
33,5 Prozent sagen »nein, auf keinen Fall«.
Macht insgesamt 70,4 Prozent, die sich nicht repräsentiert fühlen.
Bei den über 50-Jährigen hingegen stimmten die meisten TeilnehmerInnen für »eher ja«.[128]

Schon bei der der Verteilung der Parlamentssitze an die Parteien würden sich die Jungen anders entscheiden als die Alten. Das zeigen die Wahlergebnisse nach Altersgruppen. So stimmten nur 24 Prozent der unter 24-Jährigen für die Union – dagegen aber ganze 40 Prozent der über 60-Jährigen. Ebenso deutlich wird der Gesinnungsunterschied bei den Stimmanteilen der Grünen: 13 Prozent der unter 25-Jährigen stimmten für die Partei, aber nur sechs Prozent der über 60-Jährigen. Auch FDP und Linke schnitten bei den Jungen besser ab als bei den Alten. Bei der AfD sind die Stimmanteile bei beiden WählerInnengruppen bei 10 Prozent. Weniger Stimmen von den Jungen als von den Alten bekam die SPD – 19 zu 24 Prozent.[129]

Und wie sieht es bei denjenigen aus, die ihre Stimme noch gar nicht abgeben durften? Knapp eine Million SchülerInnen haben 2017 eine Wahl simuliert, an der sie nicht teilnehmen durften: bei der Juniorwahl, organisiert vom gemeinnützigen, überparteilichen Verein Kumulus. Hier zeigen sich deutliche Unterschiede zu den realen Wahlergebnissen: Nur 6 Prozent der SchülerInnen stimmten für die AfD, während die Partei bei der Bundestagswahl ganze 12,6 Prozent einkassierte. Dafür schenken auch die Jüngsten – wie die 18- bis 24-Jährigen – den Grünen großes Vertrauen: 17,9 Prozent der SchülerInnen stimmten für die Öko-Partei, bei der »echten« Wahl kam sie hingegen nur auf 8,9 Prozent. Die weiteren Ergebnisse wichen nicht ganz so drastisch von den Originalen ab.[130] Doch allein diese beiden Werte zeigen, dass für die Jungen andere Themen wichtig sind als für die ältere Gesamtbevölkerung: Umweltschutz und Nachhaltigkeit statt Populismus und Fremdenfeindlichkeit.

Dazu passt, was die AutorInnen der Sinus-Jugendstudie 2016 in ausführlichen Gesprächen mit 14- bis 17-Jährigen in Deutschland herausgefunden haben: Für viele Jugendliche gehört der Umweltschutz zu den größten gesellschaftlichen Herausforderungen unserer Zeit. Die wichtigsten Werte der Befragten sind Freiheit und Toleranz – und in der Migrationspolitik sehen die Jugendlichen die Feindlichkeit gegenüber Geflüchteten als größtes Problem.[131]

Wirft man jetzt einen Blick auf die Schwerpunktthemen der Parteien im Wahlkampf, wundert es nicht mehr, dass sich junge Menschen nicht motiviert fühlten zu wählen. Der Wahlkampf sah nämlich ungefähr so aus:

Themen im *TV-Duell* zwischen Angela Merkel und Martin Schulz: Flüchtlinge, Erdogan, Trump und dann ganz kurz noch ein Stückchen

Sozialpolitik. Themen, die nicht im *Duell* vorkamen: Bürgerrechte, Digitalisierung, Bildung.[132] Das spiegelt das Verhalten der PolitikerInnen im gesamten Wahlkampf wider, das in etwa so aussah: »Wir hätten da eine klitzekleine Idee, wie wir die Gesundheitsversorgung gerechter gestalten können – aber lassen Sie uns gerne erst einmal darüber sprechen, wie mit Erdogan zu verfahren ist.« »Dieselverbot? Ach ja, da gab es ja mal diesen Skandal, ist doch aber schon wieder vorbei oder? Lassen Sie uns lieber über Obergrenzen für Flüchtlinge sprechen.« »Kinderarmut? Ja, schlimm, schlimm, aber die Rente, das sagen wir Ihnen, die ist sicher – und auch ohne den Zuzug von Geflüchteten ganz einfach finanzierbar.«

Dass sich an dieser Themensetzung auch im Koalitionsvertrag nicht viel geändert hat, erklärt, warum sich so viele junge Menschen nicht von der Politik repräsentiert fühlen. Anna Braam, Sprecherin der Stiftung für die Rechte zukünftiger Generationen, ist enttäuscht: »In weiten Teilen des neuen Koalitionsvertrags dominieren Verwaltung des Status quo und Hinhaltetaktik über mutige Ideen für die Zukunft.« Kein Bekenntnis zum Klimaschutz, kein nachhaltiges, allen Generationen zugutekommendes Rentenkonzept. Erfolge sieht die Stiftung nur in den Bereichen Bildung, Kinderrechte und Digitalisierung. Doch Anna Braam ist vorsichtig mit Vorfreude, denn gerade in diesen Bereichen hätte die Regierung in den letzten Legislaturperioden ihre Ambitionen gerne mal ein bisschen schleifen lassen. Man denke nur an Johanna Wanka und die Digitalisierung im Bildungssystem (siehe Kapitel eins).

Was also tun, um die Themen der Jugend in den Mittelpunkt zu stellen? Nun, da hilft wohl nur noch:

Rein da!

in die Parteien, Gemeinderäte, Landesparlamente, Verbände, Unternehmensführungen – und in den Bundestag.

Unerschrocken an der Front:
Junge in Parteien

So schockierend die Wahl Donald Trumps zum US-Präsidenten und der Ausstieg der BritInnen aus der EU für viele DemokratInnen auch gewesen sein mag – ironischerweise gab es wegen genau dieser Anlässe für einige Parteien in der Bundesrepublik sogar Grund zur Freude, denn sie genossen einen unerwarteten Zulauf neuer Mitglieder. Vor allem junge Menschen füllten so viele Mitgliedsanträge aus wie lange nicht mehr.

Einer Anfrage von Südwestrundfunk und *Stuttgarter Zeitung* zufolge stieg zum Beispiel die Mitgliederzahl der Jusos, der Jugendorganisation der SPD, im ersten Halbjahr 2017 um 10 Prozent. Rund 40 Prozent der Mitglieder, welche die SPD in diesem Zeitraum neu gewinnen konnte, waren unter 35 Jahren.[133] In diesem Zeitraum wirkte sich bei den SozialdemokratInnen allerdings nicht nur der Brexit- und Trump-, sondern auch der Schulz-Effekt aus. Also der kurze Moment der Hoffnung, dass sich Martin Schulz nicht nur als perfekter Spitzenkandidat, sondern gar als eine Art Messias entpuppen würde, der statt Wasser zu Wein die Misere der Partei rund um Sigmar Gabriel bald zu einem goldenen Zeitalter der Sozialdemokratie machen würde.

Auch die Junge Union (JU) hatte nach eigenen Angaben seit Ende 2016 einen Anstieg der Neueintritte zu verzeichnen. In den Zahlen schlage sich das dem Vorsitzenden Paul Ziemiak zufolge allerdings nicht so deutlich nieder, da gleichzeitig viele Mitglieder aus der Jungen Union ausscheiden – dann nämlich, wenn sie ihren 35. Geburtstag gefeiert haben.

Die Grüne Jugend berichtete, dass es in ihren Reihen seit Mitte 2016 überdurchschnittlich viele Mitglieder im Alter zwischen 14 und 18 Jahren gebe. Und bei den Jungen Liberalen (Julis) habe es seit Januar 2017 einen Mitgliederzuwachs von 12 Prozent gegeben – darunter ebenfalls viele 14- bis 18-Jährige. Die Linksjugend Solid und die Junge Alternative gaben in der Befragung an, »schon seit Längerem kontinuierlich zu wachsen«.[134]

Jugendverband	Mitgliederzahl (Stand 2018)[1]	Altersgrenze[2]
Junge Union	106 381	14 bis 35
Jusos	74 773	14 bis 35
Junge Liberale	9 072	14 bis 35
Grüne Jugend	6 984	bis 27
Linksjugend solid	6 058	14 bis 35
Junge Alternative	1 600	14 bis 35

Mitglieder der Jugendverbände, Stand 2018

Quellen: [1] »Wieder mehr Jüngere in Parteien aktiv«, Spanhel, Hanna, Befragung SWR und Stuttgarter Zeitung, erschienen bei stuttgarter-zeitung.de, 11.09.2017. [2] Satzungen der Jugendverbände, Stand: 29.3.2018.

Von einer Revolution des Politikbetriebs kann trotz dieses kurzzeitigen Anstiegs keinesfalls die Rede sein, denn nach wie vor ist insgesamt nur ein kleiner Teil der Jungen überhaupt Mitglied in einem der Jugendverbände: Rund 205 000 Personen nämlich – *nicht einmal 1 Prozent aller unter 35-jährigen Deutschen.*

Warum aber suchten viele Junge ausgerechnet dann Zuflucht in den Parteien beziehungsweise ihren Jugendverbänden, als die politischen Zeiten besonders turbulent wurden und die PolitikerInnen als Antwort nicht mehr als einen monothematischen, gähnend langweiligen Wahlkampf zu bieten hatten – gekrönt von einer noch haarsträubenderen Phase der Regierungsbildung?

Thorsten, 25: »Als ich [am 9.11.2016] aufwachte, war das passiert, was ich nicht für möglich gehalten hatte. ... Ich war unzufrieden, wütend und hatte den starken Drang, etwas ändern zu wollen. ... Als ich von der Uni nach Hause kam, rief ich die Internetseite der FDP auf und füllte das Mitgliedsformular aus.«[135]

Paulina, 26: »Ich bin im Mai 2016 den Grünen beigetreten. Ich hatte das Gefühl, die Rechten setzen ihren Namen unter die AfD, und wir als liberal Denkende sind immer noch vorsichtig mit Parteien. Dabei sollten wir ein Gegengewicht bilden.«

Silvan, 19: »Ich bin der SPD beigetreten, weil ich denke, dass wir eine starke proeuropäische Partei in Deutschland brauchen.«

Kristina, 28: »Ich wollte [nach der Wahl Donald Trumps zum US-Präsidenten] zur SPD, um dem Rechtsruck in der ganzen Welt etwas entgegenzusetzen.«[136]

Dem Rechtsruck etwas entgegensetzen, den Drang haben, etwas ändern zu wollen: Dieses Bedürfnis hatten auch die vielen Engagierten, die in Kapitel zwei zu Wort kamen. Sie haben sich in Initiativen und Organisationen engagiert. Doch Parteien sind nun einmal eine wichtige Säule unseres parlamentarischen Systems. »Schließlich sind es am Ende die Parteien, die unser Gemeinwohl in Gesetzesform gießen«, erklärt Diana Kinnert einen ihrer Beweggründe, mit 17 Jahren Mitglied der CDU zu werden.[137] Ihr politischer Weg führte vom Studentenparlament über die CDU-Bundeskommission Parteireform bis hin zur Leitung des Abgeordnetenbüros des ehemaligen Vizepräsidenten des Deutschen Bundestages, Peter Hintze. Heute wirbt sie für moderne konservative Politik und wird sicher weiterhin von sich hören machen.

Für Roman Müller-Böhm, Jahrgang 1992, war es ein konkretes Anliegen, das ihn in die Politik gebracht hat: der Kampf gegen die Vorratsdatenspeicherung. Weil das Thema ihn so sehr aufregte, trat er mit 16 Jahren den Jungen Liberalen bei. »Ich wollte es mal ausprobieren«, erklärt er seinen damaligen Impuls.

Heute ist

Roman Müller-Böhm

25 und der *jüngste Abgeordnete* im 19. Bundestag. Neun Jahre hat sein Weg vom ersten Treffen bei den Julis über seine Mitgliedschaft im Jugendstadtrat Mülheim an der Ruhr und im Landesvorstand der Jungen Liberalen NRW bis zum Einzug in den Bundestag gedauert. Geplant war das nicht. »Es war damals nicht meine Absicht, Berufspolitiker zu werden«, erinnert er sich heute. »Erst nachdem die FDP es 2013 nicht mehr in den Bundestag geschafft hatte, dachte ich, das kann es nicht gewesen sein, und wollte politisch Verantwortung übernehmen.«

Dass es 2017 mit einem Bundestagsmandat geklappt hat, war eher Zufall. Mit Listenplatz 18 auf der Landesliste Nordrhein-Westfalen rechnete sich Roman kaum Chancen aus, sein Ziel war eher der Einzug in den Bundestag 2021 oder 2025. Da wäre auch noch Zeit geblieben, das Jurastudium zu beenden. Dann die Überraschung: 13,1 Prozent für die FDP in NRW.[138] Roman schaffte es in den Bundestag. »Für mich ist es aktuell das Schönste, was ich mir vorstellen kann«, schwärmt der frischgebackene Abgeordnete. Voller Leidenschaft hat er sich in die Arbeit in den Ausschüssen Tourismus und Recht sowie Verbraucherschutz gestürzt, erste Reden im Plenum gehalten, Presseinterviews gegeben – und er berichtet täglich auf Instagram und Facebook von seinem Abgeordnetenalltag, um Transparenz für die Arbeit im Bundestag zu schaffen. »Es ist eine wahnsinnige Umstellung«, gesteht er. »Das möchte ich auch meinen WählerInnen und anderen Interessierten zeigen.« Dass nun ohnehin jeder seiner Schritte halböffentlich ist, sei nur ein Teil der Veränderungen: »Die Arbeitsbelastung ist sehr hoch – 16- bis 18-Stunden-Tage sind keine

Seltenheit. Ich muss lernen, Kontrolle abzugeben, sonst ist es nicht machbar. Aber es ist schon merkwürdig, dass ich meinen Büroleiter fragen muss, wenn ich ein Wochenende freinehmen will. Er hat jetzt die Hoheit über meinen Terminplan.«

Fraktion	Anzahl unter 35-jähriger Bundestagsabgeordneter	Anteil an der Gesamtzahl der Fraktionsmitglieder
CDU/CSU	16	6,5 %
FDP	10	12,5 %
AfD	10	10,9 %
SPD	9	5,9 %
Grüne	7	10,5 %
Linke	3	4,3 %
Summe	55	7,8 %

U35-Abgeordnete im Bundestag nach Fraktionen
Quelle: Sitzverteilung im 19. Deutschen Bundestag, Stand: 31.3.2018

Obwohl ihn nur ein Monat vom CDU-Youngster Philipp Amthor trennt, bekommt Roman als jüngster Abgeordneter viel Aufmerksamkeit und Anerkennung. Dabei ist ihm bewusst, dass er in seiner bisherigen Parteilaufbahn sehr viel Glück hatte: »Ich musste mich nicht wirklich gegen andere ParteikollegInnen durchsetzen und wurde von Anfang an super bei den Jungen Liberalen und bei der FDP aufgenommen«, erinnert er sich. »Gleich nachdem ich beigetreten bin, wurde ich zur Weihnachtsfeier eingeladen. Dort bin ich in einen funktionierenden jungen liberalen Kreis gekommen, in dem ich mich wohlgefühlt habe. Da waren auch Leute, die schon länger aktiv waren, ihr Wissen weitergeben wollten und sich über neue Gesichter gefreut haben. Diese erste Begegnung war für mich einer der Schlüsselmomente.«

An ihre erste »Begegnung« mit der CDU kann sich Diana Kinnert auch noch sehr gut erinnern. Da sie nicht wie Roman Müller-Böhm direkt zu einer Feier ihrer Partei eingeladen wurde, spazierte sie eben zum Stammtisch in Wuppertal – und wurde ignoriert. Dasselbe passierte noch einmal. Dann, beim dritten Versuch endlich, suchte ein Stammtischteilnehmer das Gespräch mit ihr. »Zwei Bier, bitte!«, sagte er.[139] Diese Geschichte, von Diana vielfach in Interviews und Talkshows erzählt, dient als Musterbeispiel für die fehlende Bereitschaft der etablierten Parteien für Neues und vor allem: junge Mitglieder.

Diana blieb hartnäckig. So leicht wollte sie ihren Entschluss, sich in einer Partei zu engagieren, nicht aufgeben. Im Gegenteil: Mehr denn je war sie überzeugt, dass die Politik dringend ein junges Update braucht.

Auch ohne Update als relativ jung gelten die Grünen. Gründung 1980, Durchschnittsalter der Mitglieder: 50.[140] »Ich glaube, bei den Grünen ist es sehr viel einfacher, als junge Politikerin ernst genommen zu werden, als in den großen Volksparteien«, erklärt Terry Reintke. »Bei uns kann zum Beispiel auf Parteitagen jedeR einfach reden. So kann man junge Leute und Neue ganz schnell empowern. Das ist viel durchlässiger als in größeren Parteien.« Die 31-Jährige ist seit 2014 Abgeordnete des Europaparlaments. Ein Umfeld, in dem sie definitiv zu den Jüngsten zählt.

Die *Abgeordneten des Europaparlaments* sind durchschnittlich *54 Jahre* alt, mit einer Altersspanne von 28 bis 88 Jahren.[141] Die ältesten Delegationen mit den meisten über 60-jährigen Abgeordneten stellen Luxemburg und Polen – sie haben nicht einen einzigen Abgeordneten oder eine einzige Abgeordnete unter 40.[142] Den größten Anteil unter 40-jähriger Abgeordneter haben hingegen die Delegationen der Länder Bulgarien, Rumänien und Dänemark. Deutschland nimmt hier mal wieder keine Vorbildfunktion ein. Die *deutschen Abgeordneten* sind im Durchschnitt *55 Jahre* – also sogar ein Jahr älter als im gesamten Parlament.[143] *Von 96 deutschen Abgeordneten* sind *zwei unter 35* – Julia Reda und Terry Reintke, beide Mitglieder der Grünen-Fraktion.

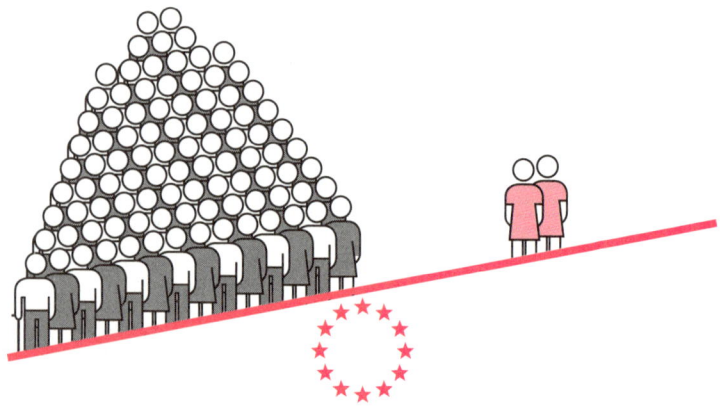

Von den deutschen Abgeordneten im Europaparlament sind nur zwei unter 35.

Obwohl

Terry Reintke, Jahrgang 1987,

seit vielen Jahren politisch aktiv ist, hat sie nicht die klassische Parteikarriere hingelegt wie zum Beispiel Roman Müller-Böhm. Mitglied der Grünen Jugend wurde sie 2004, noch während der Schulzeit, und sie war dort beispielsweise in der Frauenkommission, als Koordinatorin des Fachforums Gleichberechtigung und als Koordinatorin des Fachforums Nahost/Israel-Palästina tätig, bevor sie 2008 Mitglied des Bundesvorstands der Jugendorganisation wurde. Da das Thema Jugendarbeitslosigkeit in Europa sie beschäftigte, engagierte sie sich zudem bei der Federation of Young European Greens, einem Zusammenschluss europäischer Jugendverbände, dessen Sprecherin sie 2011 wurde. Erst 2012 trat sie Bündnis 90/Die Grünen bei. Zwei Jahre später der Einzug für die Partei ins Europaparlament. Es war ein arbeitsaufwendiger Weg mit relativ spontaner Entscheidung für eine Kandidatur: »Sie entstand bei einer Diskussion mit meinen KollegInnen von der Grünen Jugend.

Mehrere sagten, dass sie es gut fänden, wenn ich kandidiere, weil sie mein Engagement im Kampf gegen die Jugendarbeitslosigkeit in der Europäischen Union beeindruckend fanden. Diese Unterstützung hat mich motiviert.«

In einer »breiter getragenen Diskussion« in der Partei sei sie als junge Kandidatin ernst genommen worden, sagt sie: »Ich habe probiert, mir Unterstützung zu holen, meine Themen zu setzen, und bin schließlich auf die Liste gewählt worden.« Dann ging die Arbeit erst richtig los. Zum Beispiel, wenn es darum ging, sich auch gegen ParteigenossInnen durchzusetzen, die zu verstehen gaben, dass sie ein Problem mit Terrys Alter hatten. Das sei vor allem bei der KandidatInnenvorstellung in den Kreisverbänden der Fall gewesen:

»Wenn sich alte oder etabliertere Leute vorgestellt haben, haben die anderen zugehört. Als ich dann als jüngere und weniger bekannte Kandidatin dran war, ging erst mal der Geräuschpegel nach oben. Das ist schon eine deutliche Art, einer Person Desinteresse zu zeigen. Mein Alter war immer wieder Thema und ob ich überhaupt genug Erfahrung habe. Als ich mich beispielsweise vorgestellt habe, wurde mir ganz klar von einigen Leuten gesagt: Geh doch erst mal in die Kommunalpolitik und beweis dich da, bevor du so ein wichtiges Mandat haben willst.«

In so einer Argumentation sieht Terry das Problem der Parteien. »Ich habe geantwortet: Ich will aber keine Kommunalpolitik machen, sondern Europapolitik. Dass die verschiedenen Politikebenen einer Hierarchie unterliegen sollen, finde ich befremdlich. Kommunalpolitik ist doch genauso wichtig wie Landes-, Bundes-, und Europapolitik. Die Vorstellung zu haben, dass man sich vom einen zum anderen vorarbeiten muss, finde ich seltsam.«

Gegen die KritikerInnen und Störenfriede bei den Veranstaltungen hat Terry verschiedene Methoden ausprobiert: »Manchmal habe ich dann direkt angesprochen, dass alle das gleiche Recht bekommen sollten, sich vorzustellen. Dann haben manche etwas pikiert reagiert, weil sie gemerkt haben, dass sie sich nicht fair verhalten haben. Manchmal habe ich auch einfach lauter geredet. Aber sicherlich habe ich mich auch das eine oder andere Mal von solchem Verhalten einschüchtern lassen und beispielsweise statt der mir zustehenden fünf nur drei Minuten geredet, weil ich dachte, es interessiert hier ja ohnehin niemanden.« Diese Erfahrungen durchzustehen war anstrengend. Besonders geholfen habe der jungen Kandidatin, sich mit anderen auszutauschen. »Kraft gegeben hat mir die Solidarität von Leuten, die auf meiner Seite waren – das waren viele Junge, aber auch Alte. Manche sind auf Veranstaltungen sogar aufgestanden und haben darauf hingewiesen, dass es jetzt aber ganz schön laut geworden sei.«

Im Mai 2014 war es dann geschafft: Terry durfte ins Europaparlament einziehen und die Diskussionen darüber, ob sie zu jung und unerfahren sei, hinter sich lassen. Oder? »Im Europaparlament wurde es erst einmal noch schlimmer«, erinnert sie sich. »Da sind eben fast nur Männer. Wenn eine junge Frau eine politische Meinung hat, wird das mit einem Stirnrunzeln zur Kenntnis genommen. Je weniger du ihrem Idealbild eines Politikers entsprichst – alter, weißer, heterosexueller Mann –, desto mehr musst du dich beweisen, um ernst genommen zu werden. Das ist ganz klar meine Erfahrung.« Also schon wieder eine Institution, die nicht ins 21. Jahrhundert mitgekommen ist?

»Es ist tatsächlich eine Gewohnheit. Es kreiert eine Irritation, wenn ein junger Mensch plötzlich in der politischen Debatte seine Stimme erhebt, weil genau das jahrhundertelang in allen Auseinandersetzungen als Respektlosigkeit wahrgenommen wurde.«

Aber sollte diese altertümliche Gewohnheit nicht langsam mal überwunden sein? »Wir sind ja alle indoktriniert: Selbst wir Jungen sind aufgewachsen mit Talkshows und Veranstaltungen, wo hauptsächlich alte Männer diskutieren. Für sie war das bequem, und sie haben jetzt natürlich keine Lust auf Konkurrenz. Sie möchten das alte Schema beibehalten – oft mit dem Argument ›Wir mussten das in unserer Jugend ja auch ertragen‹.«

In ihren bisher fast vier Jahren im Europaparlament hat sich Terry den Respekt der skeptischen KollegInnen erarbeitet. Mit ihrem Engagement hat sie es sogar zur Person of the Year des US-amerikanischen *Time Magazine* geschafft. Im Zuge der #metoo-Debatte (siehe Kapitel zwei) berichtete Terry im EU-Parlament in einer Rede über ihre persönlichen Erfahrungen mit sexueller Belästigung. Damit brachte sie die Debatte ins Rollen, wie die EU-Kommission die europaweite Erneuerung des Sexualstrafrechts voranbringen könnte. Das ist nur eines der Themen, bei denen Terry mit ihrer Kompetenz und Leidenschaft überzeugt – sei es trotz oder wegen ihres Alters. Denjenigen, die jungen PolitikerInnen gegenüber skeptisch sind, bietet sie keine Angriffsfläche, den starren Mustern und Gewohnheiten der Älteren gibt sie nicht nach. Sie ist sich sicher: »Wenn man erst mal angekommen ist, kann man das auch aufbrechen. Am besten funktioniert es mit einer Basis von Menschen, die etwas Ähnliches erlebt haben und mit dir solidarisch sind.«

Eine solche Basis für junge Menschen aufzubauen, daran arbeitet sie derzeit in einer außergewöhnlichen Allianz. Zusammen mit anderen jungen PolitikerInnen – Yannick Haan von der SPD, Diana Kinnert von der CDU, Ria Schröder von der FDP und Shaked Spier von der Linken – will sie eine Plattform für junge Menschen in der Politik schaffen, die es möglich macht, sich über Parteigrenzen hinweg auszutauschen und einander zur Seite zu stehen. In einem Beitrag für *Die Zeit* ruft die Gruppe zu einer Verjüngung des Politikbetriebs auf.[144]

Entstanden ist dieser außergewöhnliche Schulterschluss unter anderem als Reaktion auf eine Debatte, die im Januar 2018 nach einem Auftritt des Juso-Vorsitzenden

Kevin Kühnert, Jahrgang 1989,

in der Talkshow von Maybritt Illner angestoßen wurde. Zum Thema »Machtkampf um die GroKo – Schulz und Merkel zittern« war der Juso-Chef eingeladen, schließlich galt er zu diesem Zeitpunkt als großer Herausforderer von Martin Schulz, da er das Lager der SPD anführte, das von der Parteispitze ein »Nein« zur Großen Koalition forderte.

Am Diskussionstisch traf er auf folgende Personen:

Julia Klöckner	Jahrgang 1972	Stellvertretende CDU-Bundesvorsitzende, inzwischen Bundeslandwirtschaftsministerin
Stephan Weil	Jahrgang 1958	Ministerpräsident von Niedersachsen (SPD)
Gabor Steingart	Jahrgang 1962	Ehemaliger Herausgeber des *Handelsblatts*
Albrecht von Lucke	Jahrgang 1967	Publizist und Politologe

Der einzige Mitdiskutant unter 45 (!) war Kevin Kleinert, äh, Kühnert, na, ihr wisst schon, der Kevin eben! Gleich mehrmals nannte die Moderatorin den Juso-Chef beim falschen Namen, während es einige der anderen Talkgäste bevorzugten, trotz seiner Anwesenheit lieber in der dritten Person über den Politiker zu sprechen (»dieser junge Mann«, »der Juso-Vorsitzende«). Julia Klöckner betonte, auch in der Union habe der Jugendverband ja ein wenig Freiheit, aber Kevin Kühnert, dem fehle es nun wirklich an Realitätssinn (dass seine #noGroKo-Kampagne eben nicht irrsinnig war, sah man später am Ergebnis der SPD-Abstimmung: Immerhin rund 34 Prozent der Mitglieder stimmten mit »Nein«),[145] und schließlich duzte Albrecht von Lucke Kevin Kühnert als einzigen Talkgast ungefragt.[146]

Das alles reichte für eine Empörungswelle in den Medien – die wiederum eine noch größere Empörungswelle auslöste, denn viele glaubten, sie könnten jetzt über »Kevin« diskutieren, wobei es gleichzeitig wohl niemandem eingefallen wäre, über »Angela«, »Sigmar« oder »Christian« zu berichten. Klar, manches wurde in der Debatte hochgepusht, doch in der Summe war klar: Einen 28-jährigen Politiker für voll nehmen, das fiel vielen PolikerInnen und Medienschaffenden nicht im Traum ein. Und so kam es, dass Kevin Kühnert bei der nächsten Gelegenheit, bei der er sich nicht ernst genommen fühlte, von seinen Erfahrungen bei Twitter berichtete – unter dem Hashtag

#diesejungenleute.

Quelle: Twitter.com/kuehnikev, 25.2.2018

Mit diesem Post wurde eine Diskussion losgetreten, die noch über Wochen die Medienberichterstattung bestimmen sollte. Denn viele KollegInnen taten es dem Politiker gleich und berichteten über Diskriminierungen aufgrund ihres Alters. Hier eine Auswahl:

Katharina Schulze, Jahrgang 1985, Fraktionsvorsitzende der Grünen im Bayerischen Landtag und Spitzenkandidatin ihrer Partei für die Landtagswahl 2018

Quelle: Twitter.com/KathaSchulze

Jamila Schäfer
@jamila_anna

Folgen ⌄

Wenn der Talkshow-Moderator dir gönnerhaft den Arm tätschelt und sagt: „Für ein so junges Mädchen, hast du dich ganz toll geschlagen! Ganz reizend."
#diesejungenleute #WTF

03:12 - 24. Jan. 2018 aus München, Deutschland

Jamila Schäfer, Jahrgang 1993, seit Januar 2018 stellvertretende Vorsitzende von Bündnis 90/Die Grünen

Quelle: Twitter.com/jamila_anna

Sarah Philipp ✔
@philipp_fuer_DU

Folgen ⌄

Der Klassiker, aber zum Glück auch die Ausnahme: „Und für welchen Abgeordneten arbeiten Sie?" „Ähm, ich bin die Abgeordnete." #DiesejungenLeute #ltnrw

01:22 - 24. Jan. 2018

Sarah Philipp, Jahrgang 1983, Abgeordnete im Landtag von Nordrhein-Westfalen für die SPD

Quelle: Twitter.com/phillipp_fuer_DU

Der 77-jährige Hermann Otto Solms, Alterspräsident des Bundestags, hat 33 Jahre Erfahrung als Bundestagsabgeordneter. Der Tageszeitung *Die Welt* sagte er, wenn junge PolitikerInnen erst einmal kritisch beobachtet werden, sei das, wie wenn ein neuer Schüler in die Klasse kommt. Reserviertheit erfahrener PolitikerInnen sei eher als skeptische Neugier denn als Abfälligkeit zu betrachten:

»Wenn man ein Mandat erlangt, hat man noch nichts erreicht.«[147]

Sich erst mal beweisen also, alles klar. Angesichts dieser Altersweisheit sei darauf hingewiesen, dass – abgesehen davon, dass die Meinung junger Menschen unabhängig von ihrem Beruf oder ihrer politischen Position genauso ernst genommen werden sollte wie die ihrer alten Zeitgenossen – nun einmal viele der jungen PolitikerInnen, die über Diskriminierungen aufgrund ihres Alters berichtet haben, längst ein Amt innehatten: ob als Abgeordnete, Fraktionsvorsitzende oder stellvertretende Parteivorsitzende.

So musste sich die CSU-Politikerin

Katrin Albsteiger, Jahrgang 1983,

in ihrer ersten Amtsperiode als Bundestagsabgeordnete (zuvor war sie schon im Gemeinderat, im Kreistag, Vorsitzende der Jungen Union Bayern und Delegierte der Bundesversammlung) erst einmal von älteren KollegInnen erklären lassen, dass sie schon noch reinfinde in ihre Arbeit und dass ja alles noch ein bisschen neu sei. Die Ratschläge kamen, nachdem die junge Politikerin im Mai 2014 als einziges CSU-Mitglied gegen das Rentenpaket der schwarz-roten Koalition gestimmt hatte. Doch sie brauchte sich von keiner und keinem der älteren KollegInnen erklären zu lassen, was »Fraktionszwang« bedeutet, denn die damals 30-Jährige hatte sich bewusst dafür entschieden mit »Nein« zu stimmen. Sie sah die Rente mit 63 schlicht als einseitige Belastung für junge Generationen.

Dass auch ein hohes Amt junge PolitikerInnen nicht vor einer vermeintlich altersgerechten Anrede schützt, zeigt beispielhaft das Interview der Moderatorin Sandra Maischberger, Jahrgang 1966, mit dem österreichischen Bundeskanzler

Sebastian Kurz, Jahrgang 1986.

Die Moderatorin fragte den jungen Politiker, ob er noch einen Studentenausweis besitze, und hakte nach seiner schlichten Verneinung sogar noch einmal nach.[148] Dass sich der 31-Jährige seit Jahren mehr der Politik widmete – als Abgeordneter, Staatssekretär und Minister –, nicht dem Studium: geschenkt.

Mit Jugenddiskriminierung haben sogar noch PolitikerInnen zu kämpfen, die schon Ende 30 oder jenseits der 40 sind. Dann werden sie – sowohl von ihren Parteien, als auch von vielen Medien – noch immer als »Nachwuchs« verkauft, egal wie lang die Liste der politischen Errungenschaften ist. Siehe ein paar Beispiele auf der nächsten Seite.

Die Liste ließe sich noch endlos fortsetzen. Man fragt sich, wie es bei BeraterInnen, ErzieherInnen, ModeratorInnen oder SchauspielerInnen ankommen würde, wenn man mit 37 wie Annalena Baerbock und Jens Spahn oder gar mit 48 wie Robert Habeck noch als Nachwuchshoffnung bezeichnet würde. Zum Glück tauchte im Herbst 2017 ein peinliches Video über den 18-jährigen Christian Lindner auf, inklusive Gelfrisur und Kuhkrawatte, das mittlerweile mit verschiedenen Variationen von »Der junge Christian Lindner« betitelt wurde. Sonst würde womöglich auch er noch als Nachwuchspolitiker gelten – Parteirettung hin oder her.

Aber zurück zu Kevin Kühnert. Der fühlte sich innerhalb seiner Partei übrigens ernst genommen, wie er im Interview mit dem *Tagesspiegel* erzählt.[158] Schließlich hatte seine Anti-GroKo-Kampagne ja den inhaltlichen Kern, die SPD wieder auf Kurs zu bringen. Und als dann mal alle Kevin-Sprüche durch waren, wurde er tatsächlich auch in den Medien als Diskussionspartner über die Ausrichtung der SPD und über den Koalitionsvertrag anerkannt. Dafür, sich einfach nur wichtig zu machen, hatte er auch wirklich keine Zeit: Neben seinem Amt als Juso-Chef sitzt er in der Bezirksverordnetenversammlung Berlin-Tempelhof-Schöneberg, arbeitet für einen Abgeordneten im Berliner Abgeordnetenhaus und studiert Politikwissenschaften. Es soll ja Menschen geben, die Politik aus Leidenschaft machen.

Eine von ihnen ist auch die Vorgängerin Kevin Kühnerts, Johanna Uekermann. Gemein haben die beiden, dass sie sich seit ihrer Schulzeit in der SPD engagieren, Debatten zur Erneuerung der Partei anstießen und die sogenannte »Ochsentour« theoretisch längst hinter sich haben sollten.

Gesundheitsminister Jens Spahn

Jahrgang 1980

Einige Stationen seiner politischen Laufbahn: 1995 in die Junge Union eingetreten. 1997 in die CDU. 2002 zum ersten Mal Bundestagsabgeordneter. 2009 gesundheitspolitischer Sprecher der CDU/CSU-Bundestagsfraktion. 2012 Mitglied des Bundesvorstandes der CDU. 2014 Mitglied des CDU-Präsidiums. 2015 Parlamentarischer Staatssekretär.[149]

Und heute: **»Der junge Gebrauchte«**[150], **»konservativer Nachwuchs«**[151], **»der Mini-Seehofer«**[152].

Führungsduo der Grünen, Annalena Baerbock und Robert Habeck

Jahrgang 1980 und 1969

Einige Stationen aus Annalena Baerbocks politischer Karriere: 2005 Grünen-Mitglied. 2009 Vorstandsmitglied der Europäischen Grünen Partei und Parteivorsitzende Bündnis 90/Die Grünen Brandenburg. 2012 Mitglied des Parteirats. 2013 Mitglied des deutschen Bundestags, Sprecherin für Klimapolitik der Bundestagsfraktion.[153]

Einige Stationen aus Robert Habecks politischer Karriere: 2004 Landesvorsitzender der Grünen Schleswig-Holstein. 2009 Vorsitzender der grünen Landtagsfraktion Schleswig-Holstein. 2012 stellvertretender Ministerpräsident und Umweltminister.[154]

Und heute: **»Das erste grüne Prinzenpaar«**[155], **»die unumstrittene Nachwuchshoffnung der Partei«**[156], **»der grüne It-Boy«**[157].

Johanna Uekermann, Jahrgang 1987,

trat mit 14 den Jusos und der SPD bei. 2007 wurde sie stellvertretende Bezirksvorsitzende der Jusos in Niederbayern, 2009 stellvertretende Landesvorsitzende der Jusos Bayern, 2011 stellvertretende Juso-Bundesvorsitzende, 2013 Juso-Bundesvorsitzende und Mitglied im Parteivorstand.[159] In den 19. Bundestag wollte sie über die bayerische Landesliste einziehen. An Kompetenz und Bekanntheit – seit sie sich im November 2015 öffentlich mit Sigmar Gabriel anlegte, war sie nicht nur in ihrer Partei ein bunter Hund – sollte es nicht scheitern.

Bei Johanna Uekermann scheiterte der Einzug in den Bundestag an etwas anderem: am Regionalproporz. An alten Abgeordneten, die an ihren Sitzen klebten. Und an der Verstocktheit ihrer Partei.

Listenplatz 26 ist bei der Bayern-SPD nicht aussichtsreich, nur 18 Abgeordnete der Landesgruppe Bayern zogen 2017 in den Bundestag ein – der jüngste wird bald 37, der älteste ist 65, die meisten sind Babyboomer.[160] Für Johanna Uekermann hatte die Partei, in der sie sich seit über 16 Jahren engagiert, keinen Platz an der Spitze. »Ich finde es schade«, gesteht die Politikerin dem Reporterinnenteam *crowdspondent* im Interview sehr diplomatisch.[161] Man müsse doch danach gehen, was jemand könne, wofür jemand stehe, was er mitbringe. »Gerade für junge Leute wäre es ein positives Signal gewesen, die Juso-Bundesvorsitzende auf einem guten Platz zu haben.« Es lässt sich erahnen, dass Johanna Uekermann, die keine Scheu hatte, die Männer an der Spitze der Partei zu kritisieren, auch aufgrund persönlicher Differenzen und Machtpolitik um ihre Chance auf ein Bundestagsmandat gebracht wurde. An ihrem Beispiel lassen sich gut die Faktoren ablesen, die dazu beitragen, dass so wenige junge Menschen im deutschen Bundestag sitzen.

Den Spruch »Sammel doch erst mal ein bisschen Erfahrung« braucht sich Johanna Uekermann nicht gefallen zu lassen. Bei der nächsten Bundestagswahl kann sie es wieder versuchen – mit noch mehr Erfahrung. Ihr Weg vom ersten Engagement für die Partei bis zum Mandat hätte dann 20 Jahre gedauert, bei Amtsantritt wäre sie 34.

Ochsentour

Vom Würstchenbraten übers Plakatekleben bis zur Übernahme kleiner Posten in der Kommunalpolitik: Das alles – und noch viel mehr – hat Johanna Uekermann getan, seit sie 14 ist. Obwohl sie zum Studium in eine andere Stadt und für ein Semester ins Ausland zog, was das ortsgebundene Parteienengagement enorm erschwerte. Sie widmete nahezu ihre gesamte Jugend der Politik, um die Chance zu haben, die Zukunft der Bundesrepublik in der SPD mitzugestalten. Trotzdem hat sie es bisher nicht in den Bundestag geschafft.

Regionalproporz

Bei der Vergabe der Listenplätze in den Bundesländern spielt es eine große Rolle, welche Region wie viele KandidatInnen stellen darf. Kommt man aus einer Region, in der es schon viele langjährige Aktive mit Anspruch auf einen Spitzenlistenplatz gibt: Pech gehabt. Eine Quote für die Repräsentation aller Altersgruppen, Geschlechter und Bildungshintergründe gibt es hingegen nicht.

Ältere Abgeordnete

»Babyboomer und Altgediente zuerst« lautet die Devise in den Parteien. Die Generation unserer Eltern ist besonders groß – und macht sich im Bundestag entsprechend breit. Einmal dort, sind die Abgeordneten nicht mehr so leicht wegzubekommen. Und freiwillig gehen wollen die wenigsten, stattdessen bis zur Rente bleiben – was soll man als BerufspolitikerIn auch anderes machen?

Geringe Wertschätzung junger Parteimitglieder

Wenn nicht einmal für die Bundesvorsitzende des Jugendverbands ein aussichtsreicher Listenplatz klargemacht werden kann, welche Chancen haben dann weniger prominente junge Parteimitglieder? Und was sagt das über die Stellung der Jugend innerhalb einer Partei aus?

Future disrupted:
So alt ist die Arbeitswelt

In Deutschland gibt es kaum einen besseren Ort, um eine Revolution anzuzetteln, als den Arbeitsplatz. Die Arbeit ist uns Deutschen heilig, zwei Drittel der ArbeitnehmerInnen gehen sogar krank hin.[162] Jahrzehntelang herrschte Verwirrung, wenn wir aus dem Ausland zu hören bekamen: Die Deutschen leben, um zu arbeiten. Klar doch, wozu denn sonst?

Kein Wunder, dass die meisten Beschwerden der Alten über uns junge Menschen sich auf unser Arbeitsverhalten beziehen: »Diese Jugend hat keine Lust auf Arbeit.« »Die Jungen sind kaum am Arbeitsplatz, schon wollen sie befördert werden.« »Diese jungen Menschen wollen keine Verantwortung übernehmen.« »Und was soll das eigentlich mit diesem Life-Dings, dieser Balance?« Ein bunter Strauß an Vorwürfen – nichts davon ist falsch, nichts ist richtig. Es gibt unzählige Studien, die den Unternehmen für teures Geld verkaufen, jetzt aber wirklich herausgefunden zu haben, was die Jugend von ihrem Arbeitgeber erwartet. Diese Studien werden meist auch irgendwann veröffentlicht, und dann heißt es gleich: »Die Jugend von heute will schnell Karriere machen.« Dass aber vielleicht nur junge UnternehmensberaterInnen befragt wurden, fällt dabei unter den Tisch. So entsteht ein wirres Bild an Forderungen, welche die Jugend von heute an die Arbeitswelt hat. Dass »die Jugend« aber keine Fraktion ist, die sich auf bestimmte Forderungen geeinigt hat, sondern eine heterogene Masse, wird – mal wieder – vergessen.

Als ich ein halbes Jahr nach meinem Uniabschluss noch keinen Job hatte, waren meine Eltern besorgt. Dass ich erst im Ausland war, dann ein Praktikum gemacht habe und Bewerbungsprozesse manchmal Monate dauern, verstanden sie. Fürs Erste. Ein paar Monate später hatte mein Vater offensichtlich das Gefühl, dass es mir völlig unmöglich war, trotz Studium, Auslandsaufenthalten und Praktika eine gut bezahlte Arbeit zu finden. Wie könne das sein? Hätte nicht mein letzter Praktikumschef einen Job für mich vermitteln können? Doch, sicher, aber ich wollte doch etwas ganz anderes machen.

Verwirrung, Unverständnis. Er vermittelte mir das Gefühl, dass ich versagt hätte, bemitleidete mich regelrecht, weil ich – außer den eher unqualifizierten Jobs, mit denen ich meine Bewerbungsphase finanzierte – noch keine »Stelle« gefunden hatte. Dabei war das doch meine eigene Entscheidung. Natürlich hätte ich längst irgendeinen Job anfangen können – in einer Agentur, einer Beratung, einer Pressestelle –, wahrscheinlich auch gut bezahlt. Aber ich wollte als Journalistin arbeiten. Dass ich Ansprüche an meine Arbeit hatte, das Umfeld und vor allem die Tätigkeit stimmen müssen und ich dafür einen langen Atem brauchte, war mir klar – meinem Vater nicht. Wir hatten eine lange Unterhaltung darüber, dass ich, gerade weil ich dreizehn Jahre zur Schule gegangen bin, zwei Fächer studiert, sieben Praktika absolviert, meine Abschlussarbeit im Ausland geschrieben und daneben in zig Studentenjobs gearbeitet habe, um das Ganze zu finanzieren, gerade deshalb Wert darauf legte, jetzt nicht irgendeinen Job zu machen, sondern einen, der mir Spaß macht und zu dem passt, was ich kann. Damit war unsere Unterhaltung über meine berufliche Zukunft erst einmal beendet. Ob er meinen Standpunkt verstanden hatte – unklar.

Eine Weile nach unserer Unterhaltung – inzwischen stand ich quasi mit beiden Beinen im Arbeitsleben – machte der Verlag, bei dem ich arbeitete, Pleite. Ich wurde entlassen und nutzte die Gelegenheit, mir zu überlegen, wo ich als Nächstes hinwill, wie meine nächsten Karriereschritte aussehen sollen. Bei einer Unterhaltung mit meiner Familie darüber, was derzeit meine Ideen und Optionen sind, hörte ich meinen Vater sagen: »Überleg es dir gut, bevor du zusagst. Das Wichtigste ist, dass dir deine Arbeit Spaß macht.« Ich dachte, ich höre nicht richtig. Mein Vater hatte sich unser Gespräch offensichtlich zu Herzen genommen und in der Zwischenzeit seine eigene Einstellung zum Sinn von Arbeit geändert.

Früher galt: Harte Arbeit lohnt sich – wer sich anstrengt, kann etwas erreichen, schnell aufsteigen, gut verdienen. Viele der älteren Generationen haben das verinnerlicht wie ein Mantra. Für uns Junge gilt es nicht mehr. Dass schon die Startbedingungen an Schulen richtungweisend für die Zukunft sind, haben wir in Kapitel eins gelernt.

Auch dass ein guter Bachelorabschluss nicht unbedingt einen Masterplatz zur Folge hat und ein guter Schulabschluss nicht bedeutet, dass man den Ausbildungsplatz bekommt, den man sich wünscht. Nach gut geleisteter Arbeit werden wir trotzdem schlecht bezahlt, befristet angestellt oder zwei Jahre lang an verschiedene Standorte geschickt. »Harte Arbeit« ist für die meisten von uns kein Erfolgsgarant mehr.

Was wir wiederum unter Erfolg verstehen, definiert jeder und jede von uns anders: einen Job zu finden, der etwas mehr als unsere Ausgaben deckt, der uns mit Sinn erfüllt, der uns Spaß macht, der Sicherheit bietet oder Flexibilität, in dem wir schnell Verantwortung übernehmen können oder mehr Zeit für Familie, Freunde und Hobbys haben …

Das Gespräch mit meinem Vater zeigt: Älteren Generationen fällt es schwer, unsere Einstellung zu Arbeit nachzuvollziehen. Aber wenn sie sich damit auseinandersetzen, finden sie es in der Regel gar nicht schlecht. Denn, Hand aufs Herz, wer aus unserer Eltern- und Großelterngeneration findet es nicht rückblickend schade, dass er/sie zwar über die Jahre gut Geld verdient hat, aber keine Zeit hatte, es zu genießen, oder dass er/sie seine ArbeitskollegInnen dreimal so oft gesehen hat wie die eigenen Kinder? Trotzdem ist unsere neue Wertschätzung der Arbeit schwer vereinbar mit der immer noch sehr alten Wirtschaft.

»Fachkräftemangel« und »demografischer Wandel«: Das sind die Unwörter des Jahrzehnts für die Arbeitswelt. Den Unternehmen erschwert beides die Suche nach Nachwuchs, sie stehen unter Druck. Wir jungen ArbeitnehmerInnen sollten es jetzt gut haben: In manchen Branchen locken Unternehmen mit Dienstwagen, Betriebskita, Kicker im Pausenraum oder Sabbaticals. Und das finden wir toll. Noch entscheidender ist aber die Arbeitskultur – und die lässt sich nicht so einfach verändern. Die verschiedenen Vorstellungen der Generationen von Karriere und Führung prallen deshalb im Joballtag aufeinander. Die Ideen der Jungen sind oft unerwünscht, die Probleme verschärfen sich: 2016 betrug das Durchschnittsalter von Führungskräften in Deutschland 51,8 Jahre.[163] Wenn die Babyboomer-Generation gleichzeitig von ihren ChefInnensesseln aufsteht und in die Rente spaziert, hinterlässt sie eine Lücke – umrandet von veralteten Arbeitsstrukturen, die nicht auf die Zukunft vorbereitet sind. Rund 14 Prozent der Führungskräfte in Deutschland waren 2015 sogar schon im Rentenalter – brauchen also bald einen Nachfolger oder eine Nachfolgerin.[164] Zeit wäre es also, die Jungen, die noch den größten Teil ihres Arbeitslebens vor sich haben, mitgestalten zu lassen.

Einige Unternehmen bemühen sich – darunter auch die Deutsche Bahn. Dort hat man keine andere Wahl: »Schon jetzt ist das Durchschnittsalter bei uns 47 Jahre, mehr als die Hälfte der Mitarbeiter sind über 50. Wir müssen uns darauf vorbereiten, dass diese Generation in Rente geht«, erklärt Annette von Wedel.[165] Sie leitet die Abteilung Diversity Management. Das Problem der Überalterung treffe so gut wie alle Unternehmensbereiche. Eine Maßnahme zur Vorbereitung auf den Generationenwechsel sieht die Managerin im Jobsharing. Das Prinzip ist einfach: Zwei ArbeitnehmerInnen teilen sich eine Stelle. Wie Zeit und Aufgaben eingeteilt werden, ist individuell vereinbar, sicher ist aber: Statt allein, arbeitet man im Zweierteam – im Tandem. Für die Bahn wäre die Idealvorstellung eines Jobsharings ein Team aus einem alten und einem ganz jungen Mitarbeiter. »BerufseinsteigerInnen könnten viel von erfahrenen MitarbeiterInnen lernen, und die wiederum könnten ihr jahrelang angeeignetes Wissen weitergeben«, erklärt von Wedel. Wenn sich die älteren MitarbeiterInnen mit so einem Modell sogar dazu bewegen ließen, nicht so früh in Rente zu gehen, würde das den Puffer vergrößern, um den Nachwuchs anzuwerben. Natürlich müsste der, damit das Modell funktioniert, bereit sein, nicht Vollzeit zu arbeiten – und damit auf fast die Hälfte des Gehalts verzichten, das er/sie in der Position sonst verdienen würde.

Besonders gut kommt das Jobsharing-Modell bei ArbeitnehmerInnen an, die mehr Zeit für ihre Familie haben und deshalb gerne zwar mit Verantwortung, aber weniger Stundenaufwand arbeiten möchten. Das beobachtet das Diversity-Management-Team bei der Beiersdorf AG. Das Unternehmen hat regelrecht eine Werbekampagne bei den MitarbeiterInnen gestartet für die neue haus-eigene Jobsharing-Plattform, auf der sich ArbeitnehmerInnen finden können, die sich gerne eine Stelle teilen würden. Auch hier sitzt dem Management der Fachkräftemangel im Nacken: »Jeder Mitarbeiter, den wir halten können, ist ein Gewinn«, erklärt Géraldine Weilandt. »Junge Arbeitnehmer vergleichen die Unternehmen, bei denen sie sich bewerben, und gehen dorthin, wo es das beste Gesamtpaket gibt. Flexible Arbeitsmodelle gehören dazu.«[166] Die Berufseinsteiger-rInnen wollten zwar meist erst einmal Vollzeit arbeiten, hätten die Zukunft aber schon im Blick. Jobsharing sei dann attraktiv, wenn sie sich neben dem Job weiterbilden, sich um ihren Nachwuchs oder pflegebedürftige Angehörige kümmern wollen.

Flexibilität in Form von Jobsharing und Home-Office ist in eini-gen Unternehmen schon auf dem Vormarsch – zumindest formell. Und wie sieht es mit der inhaltlichen Arbeit aus? Das Zukunftsinsti-tut hat herausgefunden, dass es gerade jungen Menschen zwischen 20 und 35 Jahren darum geht, bei der Arbeit etwas zu gestalten und bewirken zu können. Werden diese Bedürfnisse erfüllt? Im Einzelfall hängt das von den Vorgesetzten ab.

Florentine Hopmeier, Jahrgang 1989, arbeitet als Kabinettsmit-glied des Vizepräsidenten der Europäischen Kommission. In ihrem Arbeitsumfeld ist sie mit 28 Jahren mit Abstand die Jüngste. Nach dem Uniabschluss direkt in eine verantwortungsvolle Position in einer EU-Institution zu starten ist ungewöhnlich. »Ich hatte das Glück, einen Chef zu haben, der selbst jung Karriere gemacht hat und immer ein Interesse daran hatte, talentierte junge Leute zu fördern«, erzählt sie. Nach einem Praktikum in der EU-Kommission war sie mit ihm in Kontakt geblieben. Weil er den Nachwuchs unterstützen wollte, hat er ihr später einen Job angeboten, bei dem sie schnell viel Verantwortung übernehmen konnte.

Leider ist das nicht der Standardweg. Viele meiner Freunde bekommen von ihren ArbeitgeberInnen das Feedback, sie wollten »zu schnell aufsteigen«. Dabei geht es den meisten gar nicht um Titel und Positionen, sondern darum, ein Thema, das ihnen wichtig ist, voranzubringen. Meine Freundin Katharina kündigte deshalb ihren letzten Job: Die Perspektiven, die ihr Arbeitgeber ihr aufzeigte, ließen keine inhaltliche Mitgestaltung zu. Ähnliches bei meiner Freundin Conny, ihre Begründung für die Kündigung: »Meine Arbeit macht mir immer noch sehr viel Spaß, aber meine Vorgesetzten unterstützen meine jungen KollegInnen und mich nicht bei der Umsetzung neuer Methoden. Das ist frustrierend und bremst unsere Erfolge.« Auch bei meinem Freund Alex führte so eine Situation zu Frust und letztlich zum Jobwechsel. Nach fünf Jahren im Unternehmen wollte er inhaltlich mehr Verantwortung übernehmen, sprach darüber offen mit seinem Chef. Der wiederum bot ihm die Aussicht auf eine Abteilungsleiterstelle in zwei Jahren an. Eine Beförderung, die mehr personelle Verantwortung und strategisches Schaffen mit sich bringt – irgendwann. Den Wunsch, ein bestimmtes Thema inhaltlich im Konzern voranzubringen, konnte der Chef gar nicht richtig nachvollziehen. Stattdessen das Showstopper-Argument: »Du bist doch noch gar nicht lange hier und noch so jung. Sei doch mal nicht so ungeduldig.«

Initiative und Leidenschaft für den Job als Bremse? Dabei ist der Wunsch nach Partizipation gar keine Spezialität der Jugend: Der Gallup Engagement Index zeigt, dass »die Möglichkeit, das tun zu können, was man richtig gut kann«, auf Platz drei der Erwartungen von ArbeitnehmerInnen an ihr Unternehmen steht. Das Problem: Viele Führungspersonen wissen nicht einmal, was sich ihre Mitarbeiter wünschen, denn sie meiden das Gespräch oder führen mit einer Top-down-Strategie: höchst hierarchisch, mit Anweisungen statt konstruktiven Gesprächen. Ein Interesse daran, das Potenzial der MitarbeiterInnen zu nutzen und ihre Karrierevorstellungen mit ihnen zu besprechen, besteht oft nicht. Wie in jeder Beziehung führt so ein Verhalten zu Frust – staut der sich an, ist das Ergebnis die innerliche oder reale Kündigung.

Berüchtigt für ein Führungssystem von anno dazumal sind die Hochschulen und Forschungsinstitute in Deutschland. Einem Bericht von *Spiegel Online* zufolge fordern junge WissenschaftlerInnen jetzt die Abschaffung der Lehrstühle. Machtvolle LehrstuhlinhaberInnen und InstitutsleiterInnen seien dem Nachwuchs zufolge verantwortlich für schwierige Arbeitsbedingungen: persönliche Beleidigungen, cholerische Ausfälle und Mobbing seien keine Seltenheit.

Zusammenschlüsse junger WissenschaftlerInnen wie die Junge Akademie wollen nicht mehr hinnehmen, dass viele WissenschaftlerInnen befristet angestellt sind und LehrstuhlinhaberInnen die Macht haben, Karrieren zu zerstören. Mit Departments statt Lehrstühlen, wie an US-amerikanischen, englischen und skandinavischen Hochschulen üblich, sei die Entscheidungsgewalt nicht bei den ProfessorInnen konzentriert. Außerdem müssten sich die ProfessorInnen bei der Leitung der Departments rechtfertigen, wenn sie schlechte Arbeit leisteten oder durch unkollegiales Verhalten auffielen. Ein paar Hochschulen in Deutschland hätten mit einer Modernisierung begonnen, doch die Transformation ließe sich nicht gemeinsam mit den älteren ProfessorInnen machen, meint Jule Specht, Jahrgang 1986, Psychologieprofessorin an der Humboldt-Universität zu Berlin und Sprecherin der Jungen Akademie.[167] Stattdessen müsse man warten, bis sie abtreten, sodass mit der Nachfolgegeneration ein Umbruch stattfinden kann: hin zu flacheren Hierarchien und mehr Mitsprachrecht für alle MitarbeiterInnen.[168]

Dass sich die Arbeitswelt verändert, ist auch bei den Gewerkschaften angekommen. Auch sie müssen auf diesen Wandel reagieren, vor allem, um ihre eigene Existenz zu sichern. »Beispielsweise studieren immer mehr junge Menschen, statt eine Berufsausbildung zu machen«, erklärt Manuela Conte, Jahrgang 1982. »Deshalb versuchen wir vermehrt, uns auf dem Campus bekannt zu machen. Nur in die Betriebe zu gehen reicht heute nicht aus.« Als Bundesjugendsekretärin des Deutschen Gewerkschaftsbunds (DGB) koordiniert Manuela die Arbeit der Jugendorganisationen aller acht Mitgliedsgewerkschaften. Bis man 27 ist, kann man Teil der DGB-Jugend sein, insgesamt hat diese nach eigenen Angaben aktuell etwa 500 000 Mitglieder.[169] (Der gesamte DGB hatte 2017 5 995 437 Mitglieder.)[170] »Das Leben der jungen Leute hat sich verändert«, sagt Manuela. »Unsere Leben sind schneller geworden, der Leistungsdruck höher. Man hat weniger Zeit – da müssen sich auch die Formen des Engagements anpassen. Die wenigsten werden Mitglied in der Gewerkschaft einfach nur, weil es die Gewerkschaft ist. Es geht um bestimmte Themen, die jungen Leuten am Herzen liegen. Wir müssen ermöglichen, dass man sich dafür spezifisch engagieren kann. Diese Impulse geben wir als Jugend dann in den gesamten DGB hinein.«

Was war dein erster Kontakt mit der Gewerkschaft?

Für meine Ausbildung bei der Bahn bin ich vom Land in die Stadt gezogen. Bei der Arbeit hat mir der Betriebsrat erklärt, was die Gewerkschaft macht. Um mich mit anderen Auszubildenden auszutauschen, bin ich zu einem Treffen. Die Gemeinschaft dort war ein tolles Netzwerk, das mich aufgefangen hat, als ich neu war.

Was magst du an deiner Arbeit als Bundesjugendsekretärin am meisten?

Die verschiedenen Gruppen, mit denen ich zusammenarbeite. Manchmal verbringe ich den ganzen Tag in Konferenzsälen und diskutiere mit PolitkerInnen, und abends sitze ich dann mit unseren Ehrenamtlichen auf dem Boden und plane neue Aktionen.

Was ist das größte Problem junger ArbeitnehmerInnen in Deutschland?

Die fehlende Sicherheit. Von jungen Leuten wird sehr viel Flexibilität verlangt. Durch Befristungen hangeln sich viele von einem Job zum nächsten.

Wie wird die Jugend beim DGB wahrgenommen?

Wir probieren viel Neues aus – andere Kommunikationswege, Prozesse und Beteiligungsformate. Da schaut die Gesamtorganisation auf jeden Fall hin. Und oft werden unsere Ideen übernommen. Zum Beispiel das Format des Live-Politik-Talks, das wir vor der Bundestagswahl entwickelt haben. Das kam so gut an, dass es übernommen wurde.

Neue Formen des Engagements finden, nachhaltig Mitglieder gewinnen, Impulse geben – das wollte auch Franzi, Jahrgang 1987. Sie musste schnell lernen, dass die guten Vorsätze – zum Beispiel aus der DGB-Jugend – in den einzelnen Gewerkschaften nicht ankommen. Rund zwei Jahre war sie als Jugendbildungsreferentin für einen Bildungsträger tätig, der die Jugendarbeit für eine Gewerkschaft übernommen hatte. Angefangen hat sie dort mit 28: »Ich bin zur Gewerkschaft gekommen, weil ich etwas verändern wollte«, erinnert sie sich. Offiziell sollte Franzi die Bildungsarbeit der Gewerkschaft koordinieren, Seminare geben und zu Fragen rund um ArbeitnehmerInnenrechte beraten: Was musst du, was darfst du, was darf der Arbeitgeber, was nicht, wie kannst du etwas verändern? Die Realität sah anders aus: »Meine Hauptaufgabe war es, in Berufsschulen zu gehen und Mitglieder zu gewinnen. Werbung getarnt als Bildungsunterricht«, erzählt sie. »Bei der Methode war klar, dass die meisten SchülerInnen schnell wieder austreten werden.« Ihrem Chef erklärte sie, warum das vorgegebene Konzept nicht nachhaltig ist und dass sie lieber langfristige Bildungsarbeit leisten würde, um potenzielle Mitglieder wirklich für die Arbeit der Gewerkschaft zu begeistern – und er ließ sie machen. »Alles, was die Jugend macht, wird anfangs toll gefunden«, erklärt Franzi im Rückblick. Also stürzte sie sich in die Arbeit: Berufsbegleitend studierte sie Organisationsentwicklung, erarbeitete ein Konzept dafür, wie sie ihren kleinen Bereich der Organisation verändern kann, machte unbezahlte Überstunden, arbeitete am Wochenende, abends. »Irgendwann merkte ich, dass ich gegen Windmühlen kämpfe. Ich hätte jemanden gebraucht, der mein Potenzial erkennt und mich unterstützt, aber meine Arbeit wurde auf höherer Ebene gar nicht gesehen.«

Stattdessen übte man auf Bundesebene Druck aus, drohte mit Personalabbau, wenn kein Geld durch neue Mitglieder reinkommt. »Ich habe mich gefragt, warum ich überhaupt noch zur Arbeit gehe, es veränderte sich ohnehin nichts«, beklagt Franzi. Hinzu kam, dass die meisten Arbeitskollegen Männer über 50 waren, die ihr zu spüren gaben, dass sie mit ihren Ideen unerwünscht ist: »Ihr Umgang mit mir grenzte an Mobbing – weil ich eine Frau bin, im Gegensatz zu den anderen studiert habe, und weil ich etwas anders machen wollte als bisher.« Uralte Werte seien unter den Mitarbeitern verbreitet: Jeder kämpft für sich allein – und vor allem kämpfen alle Arbeitnehmer gegen die Arbeitgeber. »Dass man nie mitbestimmen kann, wenn man immer nur auf Konfrontation geht, wollte keiner hören. Am Ende hatten immer die Alten das Zepter in der Hand.« Dann nämlich, wenn auf dem Gewerkschaftstag abgestimmt wurde, wie die Organisation für die nächsten vier Jahre aufgestellt ist. »Die Delegierten, die gar nicht hauptamtlich Teil der Organisation sind, haben das Sagen – und die meisten von ihnen sind in ihren Fünfzigern.«

Altersgruppe	Anteil an den Gewerkschaftsmitgliedern	Anteil an den ArbeitnehmerInnen in Deutschland
16 bis 30	15 %	25 %
51 bis 65	42 %	35,5 %

Daten vom Institut der deutschen Wirtschaft Köln (DIW)[171]

Mit diesen Schwierigkeiten war Franzi nicht allein: Es fanden sich mehrere junge BildungsreferentInnen, die das Problem ebenfalls erkannt hatten und mit innovativen Methoden arbeiten wollten. »Die Jungen wollten etwas voranbringen. Es ist wirklich ein Generationenthema.« Die fehlende Unterstützung sei so frustrierend gewesen, dass die meisten entweder – wie Franzi – kündigten oder sich aus Resignation dem alten System anpassten. Andreas[172] gehörte auch zu denen, die es nicht aushielten: Nach knapp einem Jahr als Jugendbildungsreferent bei einer Gewerkschaft wechselte er den Arbeitgeber. Auch er wollte nachhaltig arbeiten, bekam aber immer wieder zu hören, dass man keine neuen Mitglieder gewinnt, wenn man zu viel mit den bestehenden zusammenarbeitet. »Die meisten Gewerkschaftssekretäre waren über 50 und wollten mit der Jugend nichts zu tun haben«, beschreibt er sein Arbeitsumfeld. »Statt Teamgeist herrschte Konkurrenz.« Das alte Verständnis von Gewerkschaftsarbeit wurde hartnäckig verteidigt. »Der Sekretär kommt in den

Betrieb, schüttelt Hände, trinkt Kaffee und geht – das stammt aus einer Zeit, in der jeder Mensch 40 Jahre im selben Betrieb gearbeitet hat«, beklagt Andreas. »Heute ist das nicht mehr zeitgemäß.«

Den Vorwurf, verkrustete Strukturen zu haben, müssen sich noch andere Organisationen und Institutionen machen lassen. Darunter auch das *Weltwirtschaftsforum*. Gegründet 1971 in der Schweiz, versammelt es regelmäßig die EntscheiderInnen aus Politik und Wirtschaft im malerischen Wintersportort Davos. Die Mitgliedschaft im Weltwirtschaftsforum kostet bis zu 500 000 Euro. Unter den knapp 3 000 TeilnehmerInnen des Gipfels 2018 waren nur 2 Prozent unter 30, die meisten (65 Prozent) waren über 50 und männlich (79 Prozent).[173] Offiziell kamen sie auch in diesem Jahr zusammen, um über globale Herausforderungen zu diskutieren. Eine Farce, findet Paula Schwarz. Die 27-Jährige stammt aus einer Unternehmerfamilie, selbst bekannt geworden ist sie 2014 durch die Gründung des Startup Boats, eines kreativen Thinktanks, der Menschen aus Wirtschaft und Gesellschaft zusammenbringt, um Lösungen für die Flüchtlingskrise zu finden.

In einem Beitrag für ein Online-Magazin verkündete Paula 2017, dass sie das World Economic Forum verlässt. Begründung: »Dort wird im Interesse von Firmen und Staaten gehandelt, nicht im Interesse der Menschen. Es werden mit einem Handschlag Deals in Milliardenhöhe gemacht. Dabei wird oft gegen die Menschen agiert, weil man aus ihnen nur Profit schlagen will. Da bin ich einfach dagegen.« Ein klares »Nein« zum prominentesten Marktplatz des Kapitalismus, der Paula zufolge kaum aus dem Inneren heraus zu erneuern ist: Viele der Mitglieder seien Führungskräfte, die ihre Positionen nur aufgrund der Länge ihrer Berufserfahrung innehaben und nicht aufgrund ihrer Führungsqualitäten. Paula machte ernst und gründete ihr eigenes Netzwerk, das World Datanomic Forum, wo relevante Probleme der Welt anhand von Daten ermittelt werden und DenkerInnen mit wahren Führungsqualitäten sich Lösungen dafür überlegen sollen. Die vorausgesetzten Eigenschaften der Mitglieder: »Langfristiges Denken, Interesse daran, etwas zum Besseren zu verändern, gewaltfreie Kommunikation.« Um ein nachhaltiges Wirtschaftssystem zu etablieren, müsse man sich von den alten Strukturen eben verabschieden.

Um das Wirtschaftssystem zu revolutionieren, braucht es zuerst ein Umdenken in den einzelnen Unternehmen. Um Führungsstile zu revolutionieren, auch. Am einfachsten gelingt das in neuen, kleinen Unternehmen, die von Anfang an eine moderne, offene Arbeitskultur etablieren. Das wissen vor allem BerufseinsteigerInnen zu schätzen. Warum sonst wollen so viele von ihnen gerne in Start-ups arbeiten? Eher nicht wegen der spitzenmäßigen Bezahlung, sondern weil man ihnen dort Verantwortung überträgt, die Hierarchien flach sind und die Stimmung im Team entspannter ist. Bei einer Umfrage des Venture-Capital-Unternehmens e.ventures sagten 73 Prozent der befragten 18- bis 34-Jährigen, dass sie in einem Start-up arbeiten wollen, weil sie dort Erfahrungen machen können, die sie bei traditionellen Arbeitgebern nicht vorfinden. 65 Prozent antworteten, sie arbeiten gerne in einer Umgebung mit flachen Hierarchien.[174]

In Europa werden Start-ups von vergleichsweise jungen Leuten gegründet – das Durchschnittsalter ist 34,6. Ein Blick in die Chefetagen der mächtigsten Unternehmen der Welt zeigt: Viele Ideen, die unsere Lebenswelten in den letzten Jahren am meisten geprägt haben, stammen von Jungen. Mark Zuckerberg war Anfang 20, als er Facebook gegründet hat. Die Gründer des Fahrdienstanbieters Uber, Garrett Camp und Travis Kalanick, waren zwischen 30 und 33, als sie den Nahverkehr, die Zalando-Gründer Mitte 20, als sie den Modeversand revolutionierten.

In Deutschland sind 47,9 Prozent der GründerInnen zwischen 25 und 34 Jahre alt.[175] Das passt nun manch einem Älteren auch wieder nicht. Als »Kindergarten« werden dann JungunternehmerInnen abgetan, die nicht ernst zu nehmen seien, weil sie keine Familie haben und deshalb regelmäßig auf Abendveranstaltungen der Szene unterwegs seien. So zu lesen in einem Beitrag des Portals *Gründermetropole Berlin.*[176] Auf der anderen Seite gibt es diejenigen, die sich sicher sind, dass es in Zukunft noch mehr frische Ideen von jungen UnternehmerInnen braucht. Darunter zum Beispiel Verena Pausder, Jahrgang 1979. Sie hat die Initiative Startup Teens mitgegründet, an der mittlerweile sogar Philipp Lahm beteiligt ist. Das Ziel: unternehmerisches Denken und Handeln bei SchülerInnen von 14 bis 19 Jahren über eine Online-Plattform fördern. Wer könnte auch besser Produkte entwickeln, die zu den Jugendlichen von heute passen, als die Zielgruppe selbst?

So wie Daniel und Torben, die mit 17 beziehungsweise 19 Jahren ihr Unternehmen VMPROVE gegründet haben. Sie entwickeln Apps und Programme, die SchülerInnen bei der Organisation ihres Alltags helfen, oder auch eine Plattform, die Termine bei LehrerInnen an den Elternsprechtagen online organisiert, ohne analoges Anmeldechaos. Ein paar Berliner Schulen konnten direkt als Kunden gewonnen werden. Idee und Problemlösung von der jungen Zielgruppe, Unterstützung bei der Gründung von den »alten Hasen« der Initiative Startup Teens. So klappt es mit der Zusammenarbeit der Generationen.

Ein weiteres Beispiel für ein Start-up von Jungen für Junge: Math42. Die Mathe-Nerds Maxim und Raphael – 22 und 21 Jahre alt – entwickelten eine Mathe-Lern-App, die SchülerInnen Schritt für Schritt dabei hilft, Gleichungen zu lösen und Kurvendiskussionen zu verstehen. Klingt einfach? Für mehr als drei Millionen Menschen war die App schon die Rettung. Und die beiden Gründer sind jetzt Millionäre. Ganze 20 Millionen Euro hat der US-Bildungskonzern Chegg für das Unternehmen der beiden jungen Männer gezahlt. Auch hier kamen übrigens junge Ideen und erfahrenes ExpertInnenwissen zusammen: Beim Unternehmensverkauf wurden die Gründer von einem BeraterInnenteam unterstützt. »Allein«, sagt Raphael im Interview mit dem Jugendportal *bento*, »hätten wir das gar nicht geschafft.«[177]

Junge Menschen wissen am besten, was die junge Zielgruppe und ArbeitnehmerInnenschaft braucht. GründerInnen scheuen sich nicht davor, selbst den Unternehmensstil zu etablieren, den sie am besten finden. Milena Glimbovski hat mit 22 den verpackungsfreien Supermarkt Original Unverpackt gegründet. Ihr ist die Motivation ihrer MitarbeiterInnen am wichtigsten, weiß sie nach rund vier Jahren des Chefinnen-Daseins. »Ich frage mittlerweile immer: Was sind deine Erwartungen? Überhaupt sollte man häufig das Gespräch mit seinen MitarbeiterInnen suchen, Feedbackgespräche sind sehr wichtig.«[178]

Viele junge Unternehmen legen Wert darauf, dass die MitarbeiterInnen den Arbeitsalltag mitgestalten können. Ein paar Beispiele: Die Agentur Elbdudler lässt die MitarbeiterInnen bestimmen, was sie verdienen, auf Transparenz bei Gehältern und Finanzen setzt auch der Kondomhersteller einhorn, das New-Work-Start-up Tandemploy erlaubt Kinder bei der Arbeit und hat einen Raum zum Nickerchen-Machen (auch für die Großen), die Agentur intraprenör bietet allen MitarbeiterInnen mehrwöchige Sommersabbaticals. Der Kreativität sind keine Grenzen gesetzt.

Etablierte Unternehmen beneiden diese Offenheit und versuchen oft, den Start-ups nachzueifern – mehr oder weniger erfolgreich. Viele Großunternehmen haben inzwischen sogenannte Innovation Labs gegründet – an den Konzern angegliederte Ideenlabore mit Designermöbeln, gratis Club Mate und ohne Krawattenpflicht. Nur: Ein Kicker im Pausenraum macht noch keine offene Unternehmenskultur. Wenn die MitarbeiterInnen nach jeder kreativen Projektarbeit doch wieder durch den Bürokratiedschungel des Konzerns müssen, um am Ende darauf zu hoffen, dass die grauen Chefs im Anzug nach Wochen des Abwägens nicht doch noch beschließen, dass das Projekt zu teuer, zu gewagt, zu unkonventionell ist, wenn jede Ankündigung eines Home-Office-Tages Stirnrunzeln bei den Vorgesetzten auslöst und das Abweichen von *nine to five* nur theoretisch möglich ist – dann kann von »New Work« keine Rede sein. Es fehlt einfach die moderne Geisteshaltung. Wie aber können sich etablierte Unternehmen eine solche zu eigen machen?

Fränzi Kühne, Jahrgang 1983, kennt die Antwort: Durchmischung. Dass viele Führungsetagen überwiegend alt und männlich sind, weiß sie aus eigener Erfahrung: Mit 25 Jahren gründete sie zusammen mit ihren Freunden Christoph Bornschein und Boontham Temaismithi eine der ersten Digitalagenturen Deutschlands – Torben, Lucie und die gelbe Gefahr (TLGG). »Marken zu erzählen, wie sie Facebook, Twitter, soziale Medien an sich sinnvoll nutzen können, hat uns Spaß gemacht«, erinnert sie sich an die Anfangszeit. Seitdem berät sie Unternehmen wie ThyssenKrupp, Lufthansa und das Bundeswirtschaftsministerium zu digitalen Strategien. Seit Juni 2017 sitzt sie außerdem im Aufsichtsrat der freenet AG – als mit Abstand jüngstes Mitglied. Der älteste Aufsichtsratskollege ist 1939 geboren, die vier anderen zwischen Ende der Fünfziger- und Ende der Sechzigerjahre.[179]

Die Altersstruktur deutscher Chefetagen ist nicht einfach zu erheben. Jedes einzelne Unternehmen müsste dafür befragt werden und dann seinerseits die erfragten Informationen preisgeben. Nicht einmal für die Aufsichtsräte funktioniert das lückenlos. Es gibt viele Studien zur Struktur der Aufsichtsgremien in börsennotierten Unternehmen. Alle kommen zu dem Schluss, dass das Durchschnittsalter bei etwa 60 Jahren liegt. Die Münchener Board Academy, die Führungspersonen berät und weiterbildet, hat vor einiger Zeit eine Recherche zu 1 465 Aufsichtsratsmitgliedern börsennotierter Unternehmen unternommen. Das Ergebnis: »Die deutschen Top-Aufsichtsräte waren ganz überwiegend zwischen 51 und 70 Jahren alt.«[180] Die jüngste Gruppe der zwischen 31- und 40-Jährigen war mit 3 Prozent am schlechtesten repräsentiert. Selbst die älteste Gruppe der zwischen 71- und 80-Jährigen war dagegen noch mit 8 Prozent vertreten.

Um die Gremien ausreichend zu verjüngen, müsste der Board Academy zufolge der Anteil von MandatsträgerInnen der Altersgruppe zwischen 31 und 40 Jahren mindestens verfünffacht werden. Doch beim Alter hörte die Einseitigkeit nicht auf: Nur 12 Prozent der Aufsichtsratsmitglieder waren weiblich. Ein Drittel der Mandatsträger waren WirtschaftswissenschaftlerInnen. Diversität sieht anders aus. Und die Gremien aufzumischen dürfte nicht so einfach sein. Denn mit den Aufsichtsratsposten ist es wie mit den politischen Ämtern in Parteien: Wer einmal drin ist, lässt nicht mehr los. Im Jahr 2011 sah es jedenfalls noch so aus: Ein Viertel der Aufsichtsräte war zehn Jahre zuvor bestellt worden, bei den DAX-Aufsichtsräten waren sogar 8 Prozent der amtierenden Mandatsträger zwischen 1996 und 2000 und 2 Prozent (immerhin elf Personen) zwischen 1991 und 1995 bestellt worden.[181]

Dabei fehlt es nicht an jüngeren Kandidaten, findet Fränzi Kühne: »Es gibt ja genügend junge Gründer, die über die Jahre viele Erfahrungen gemacht haben. Da bin ich keine Ausnahme in Deutschland.« Das

Problem sieht sie in den alten Kumpel-Netzwerken. »Es sind immer wieder dieselben, die sich da begegnen«, erklärt Fränzi. »Es mischt sich noch nicht.« Ein Aufbrechen der alten Strukturen müsse her, junge Menschen könnten die Gremien allein schon wegen der Diskussionen bereichern, die durch die unterschiedlichen Lebensrealitäten entstehen würden. »Leider stellen wir immer wieder fest, dass gerade im Bereich Digitalisierung vieles am Aufsichtsrat hakt. Die Vorstände erarbeiten Themen, der Aufsichtsrat soll sie dann genehmigen, aber der weiß oft noch nicht einmal, welche Fragen er stellen muss, weil er das Thema nicht genug versteht, um kritisch sein zu können.« Das heiße nicht, dass sich nur junge Menschen mit der Digitalisierung auskennen. Eine Durchmischung bei Alter, Geschlecht und Bildungshintergrund könne die Gremien in vielen Bereichen voranbringen. »Wenn sie erst einmal die Möglichkeit haben, sich auszutauschen, merken sie schnell, wie sie voneinander profitieren können.«

Um fehlende Diversität in der Wirtschaft festzustellen, muss man nicht in die Aufsichtsräte blicken. Die sind nur der Gipfel. Das Problem beginnt schon viel früher, schon bei Branchenevents und Konferenzen. Fränzi ist oft auf solchen Veranstaltungen unterwegs und beobachtet: »Da fehlen einfach junge Menschen.« Allein die hohen Teilnahmegebühren seien oft schon ein Hindernis. Wenn man nicht in gehobener Position in einem großen Unternehmen arbeitet, könne man sich das Ticket kaum leisten. »Am Ende bleiben wieder dieselben Konzernvertreter unter sich, tauschen sich aus, empfehlen sich weiter.«

Alles Mögliche funktioniert in der deutschen Wirtschaft nach dem Motto »Gemeinsam sind wir stärker« – ob es um Kooperationen geht, Freihandelsabkommen oder Wirtschaftsunionen. Sobald es aber um Posten geht, hört die Freundschaft auf. Um die eigene Position zu sichern, wird sogar ein Gegeneinander der Generationen heraufbeschworen: Einstiegsjobs für die Jungen, Entscheiderposten für die Alten. Erst wenn die Jungen selbst alt sind, haben sie es »verdient«, Verantwortung zu übernehmen. Eine Verschwendung von Potenzial, wie es in der Wirtschaft eigentlich ein No-go ist. Und eine Nachhaltigkeitsbremse, die dafür sorgt, dass die deutsche Wirtschaft an der Zukunft vorbeischrammt.

Aufgebrauchte Ressourcen, ausgebrannte Arbeitskräfte, verpasste Chancen: Den Problemberg türmen alte Generationen auf und schieben ihn vor sich her, bis ihnen der Chefsessel doch zu unbequem wird. Dann können ja die Jungen mal was tun, wir Alten gehen den Ruhestand genießen. Kein Wunder, dass Disneys *Wall-E* zu den beliebtesten Filmen des 21. Jahrhunderts zählt. Wir haben da wohl schon geahnt, dass uns ein ähnliches Schicksal ereilen wird wie den kleinen Müllroboter: Der letzte räumt die Erde auf.

Wie in der Politik suchen sich Junge, wenn sie die Möglichkeit haben, also auch in der Wirtschaft Alternativen zum verkrusteten System, in dem man ihnen keine Chance lässt: Sie arbeiten in Start-ups oder gründen selbst Unternehmen, in der Hoffnung, so irgendwann doch noch Einfluss auf das große System zu nehmen – sei es, weil die modernen Unternehmen die Zukunft der Wirtschaft prägen, sei es weil mit dem Einsatz im Start-up die Wartezeit auf den Einsatz im Konzern überbrückt wird.

KAPITEL 4

Macht Platz!

Für eine Politik mit Zukunftsaussichten

>> *So let them say we can't do better*
Lay out the rules that we can't break
They wanna sit and watch you wither
Their legacy's too hard to take <<

aus Disparate Youth, *Santigold*, 2012

Nicht der fehlende Enthusiasmus der Jungen bremst ihr Engagement, sondern die verkrusteten Strukturen der Beteiligungsinstitutionen in Bildung, Wirtschaft und Politik, allen voran der Parteien. Immer straffere und leistungsorientiertere (Aus)bildungssysteme führen dazu, dass es für Junge noch schwieriger wird, gegen diese Starrheit anzukämpfen. Zu wenig Zeit, um 20 Jahre auf ein Bundestagsmandat zu warten, zu viele Probleme auf der Welt, um sich über Wochen mit der Schriftgröße auf den neuen Flyern des Ortsverbands zu beschäftigen, zu viel Spaß mit Freunden und Familie, um für einen AbteilungsleiterInnenjob mit Überstunden darauf verzichten zu wollen.

Deshalb hat Felix seinen Beratungsjob mit sehr gutem Gehalt und schnellen Aufstiegschancen gekündigt. Zu viel Druck, zu viele Überstunden. Was er danach machen wird, war erst einmal unklar – Hauptsache, nicht von morgens bis nachts im Büro sitzen. Inzwischen arbeitet er bei einem Start-up: entspannte Arbeitsatmosphäre, Diversität im Team, flache Hierarchien, Überstunden nur im Ausnahmefall.

Deshalb ist Paulina von Kleiner Fünf bei den Grünen ausgetreten. »Ich habe es versucht an der Basis«, erzählt sie. »Mit vier anderen Engagierten stand ich für Straßenaktionen zum Europawahltag in der Kölner Fußgängerzone. Dann habe ich mich gefragt: Was mache ich hier eigentlich?« Niemand habe sie begrüßt, ihr erklärt, wo sie sich einbringen könne, sie gefragt, was ihre Kapazitäten und Beweggründe seien. Enttäuscht von den Beteiligungsmöglichkeiten in der Partei, trat sie nach etwa vier Monaten wieder aus. »Mir war klar:

Ich habe so viele gute Ideen und Motivation. Ich bin bereit, meine Zeit da reinzustecken, aber die Strukturen bieten mir das gerade gar nicht.«

Auch Katja von The European Moment sah nicht die Möglichkeit, sich für ihr Herzensthema in ihrer Partei richtig einsetzen zu können. »Ich hatte gerade ein Praktikum in Brüssel gemacht, da stand die Europawahl an.« Sie erinnert sich: »Ich dachte, ich kann mich bei den Jusos in Rostock einbringen, aber dort zählte vor allem die am gleichen Tag stattfindende Kommunalwahl. Europa war nicht so wichtig.« Generell tun sich mit den Jugendverbänden viele ihrer Freunde schwer: »Sie sind enttäuscht, weil sie merken, dass es dort immer sehr kompetitiv zugeht. Es geht oftmals leider weniger um Inhalte als um Machtpolitik.« Katja ist zwar nicht ausgetreten, hat aber beschlossen, dass ihr Engagement in einem überparteilichen Jugendverband wie der Jungen Europäischen Bewegung besser aufgehoben ist.

Der Erstkontakt entscheidet bei vielen über die eigene Zukunft in der Partei, genau wie die ersten Erfahrungen im Job unsere Vorstellungen davon prägen, wie wir in Zukunft arbeiten – oder nicht arbeiten – wollen. Fühlt man sich erwünscht, eingebunden oder störend? Kann man in seinem Bereich wirklich etwas voranbringen, oder stehen dem ein enger Themenrahmen und starre Hierarchien im Weg? Wird man begrüßt oder ignoriert? Besonders in Parteien geht bei vielen dieser Erstkontakt schief. Das führt langfristig dazu, dass sie rüberkommen wie exklusive Clubs: Eintritt eher nicht willkommen. Die Damen und Herren bleiben lieber unter sich. »Darum wirken Parteien heute oftmals wie Parallelgesellschaften, die alles sind, aber kein adäquates Abbild der Gesellschaft in Deutschland«, stellt Diana Kinnert fest – auch über ihre eigene Partei, die CDU. »Den Parteien fehlt es definitiv an Willkommenskultur, einer Kultur der Gleichberechtigung.«[182]

Der Traum von der perfekten Partei

Parteien gelten als sperrig und bürokratisch – nicht nur unter jungen Leuten. Wer nicht zum inneren Kreis gehört, könne nicht mitbestimmen, und schon gar nicht, wer der Ausbildung oder des Berufs wegen viel unterwegs ist und somit nicht regelmäßig zu den Sitzungen seines Ortsvereins kommen kann. Irgendwo zwischen ihren Gründungsjahren und heute sind die Parteien stecken geblieben, den Wechsel in die moderne Lebenswelt haben sie nicht geschafft, und große Ideen werden in den Sitzungsräumen schon lange nicht mehr geboren. Sind die Parteien verloren gegangen an ein altes System? Nicht zu retten, genau wie das Weltwirtschaftsforum, nur durch etwas Neues zu ersetzen? Einige junge Leute haben sich daran versucht, das alte System zu retten oder etwas Neues zu schaffen, das besser funktioniert als das Etablierte.

Laut Paulina, der Mitinitiatorin von Kleiner Fünf, geht es schon beim Mitgliedermanagement los: »Wenn sich bei uns eine neue Ehrenamtliche oder ein neuer Ehrenamtlicher meldet, ruft ihn jemand aus dem Kernteam an oder schreibt zumindest eine Mail. Ich bedanke mich zum Beispiel dafür, dass sie bei uns sind, frage, wer sie sind, was sie tun, was sie bewegt. Dann versuche ich, für sie die richtige Tätigkeit bei Kleiner Fünf zu finden. Wir machen Ehrenamtsmanagement. Warum machen das die Parteien nicht?« Natürlich hat Kleiner Fünf nur rund 100 Ehrenamtliche[183] – im Vergleich etwa zu rund 13 000 Mitgliedern der Grünen in NRW[184], wo Paulina sich engagieren wollte. Andererseits haben die Parteien aber auch mehr Kapazitäten als ein kleiner, junger Verein und können sich Ämter zum Zweck des Mitgliedermanagements leisten. Außerdem sind sie in der Regel sehr kleinteilig organisiert, sodass die Begrüßung neuer Mitglieder oft in den Händen von Ortsvereinen liegt, die gar nicht so groß und daher relativ gut strukturierbar sind.

Alle Menschen, die Lust auf Beteiligung haben, will die neue Partei Demokratie in Bewegung (DiB) willkommen heißen. Ihr Ziel: nicht weniger als ein »demokratischer Neuanfang«. Mehr Mitbestimmung, höhere Transparenz – das hat mehr als 100 000 Unterstützer-

Innen bei einer Online-Petition überzeugt, was die Initiatoren um den damals 33-jährigen Unternehmer Alexander Plitsch in ihrer Idee bekräftigte.[185] Anfangs hieß es, Demokratie in Bewegung könne die deutsche Podemos oder die deutsche En Marche werden.

Die Partei gründete sich im April 2017 mit dem Versprechen, bei der Bundestagswahl im September anzutreten. Inzwischen hat sie 397 Mitglieder.[186] Die Grundwerte der Partei: Demokratie, Mitbestimmung, Transparenz, Gerechtigkeit, Weltoffenheit, Vielfalt, Nachhaltigkeit. Zu den meisten Themen bleibt das Parteiprogramm noch unkonkret, Ideen einbringen soll aber jeder können, auch ohne Mitglied und vor allem ohne anwesend zu sein. Dies funktioniert über eine Online-Plattform, bei der man Vorschläge machen und über die abgestimmt werden kann. Das erinnert an die Piraten. Bei der Bundestagswahl 2017 erreichte DiB nur 0,1 Prozent – 60 914 Stimmen.[187] Die DemokratInnenbewegung war da allerdings erst wenige Monate alt. Sie steht noch am Anfang – sie kann aus den Fehlern der PiratInnen und den Erfolgen neuer Parteien in den europäischen Nachbarländern lernen.

1. Stopp: **SPANIEN**

Podemos

Am Anfang standen Massendemonstrationen. Seit Mai 2011 taten sich in Spanien via Social Media »Indignados« (deutsch: »Empörte«) zusammen, um gegen die Spar- und Klientelpolitik der etablierten Parteien nach der Finanzkrise zu demonstrieren. Rund 30 000 Menschen gingen allein in Madrid auf die Straße. Die Proteste waren der Beginn der Bewegung Podemos.

»Podemos« ist Spanisch und heißt so viel wie »wir können«. Mit »wir« ist »das Volk« gemeint, dessen Stimme die neue Partei, die sich am 11. März 2014 gründete, sein wollte. Eine Abrechnung mit den korrupten politischen Eliten, von denen sich die Durchschnittsbevölkerung nicht mehr vertreten sah, Schluss mit der Alternativlosigkeit der spanischen Politik, in der seit Jahrzehnten Konservative und Sozialisten regelmäßig die Regierungsposten tauschten.

Pablo Iglesias Turrión, ein damals 35-jähriger Politologe, machte die Partei in Spanien zu einer Alternative für die frustrierte Bevölkerung: »Die da unten« gegen »die da oben«. Was Podemos damit erreicht hat, ist, das Monopol der traditionellen Parteien in Spanien zu brechen und viele Menschen wieder für Politik zu begeistern, die den Glauben an das System verloren hatten. Podemos wurde sowohl bei der ersten Parlamentswahl im Dezember 2015 als auch bei den Neuwahlen im Sommer 2016 drittstärkste Kraft hinter den Konservativen und haarscharf hinter den Sozialisten.

Die Abgeordneten der jungen Partei sind durchschnittlich elf Jahre jünger als die in Mariano Rajoys Partido Popular.[188] Hinzu kommt, dass sich unter ihnen kaum Berufspolitiker befinden. Frischer Wind fürs Parlament und Motivation für die spanische Bevölkerung – rund 350 000 Mitglieder zählt die Partei heute.[189] Inzwischen ist sie allerdings in eine Falle getappt, die bei vielen jungen Parteien zuschnappt: die des Posten-Kleinkriegs. Personelle Fragen und die Debatte um die Zukunft der Partei werden zeigen, welche Rolle Podemos in der spanischen Politik zukünftig einnimmt: die des einflussreichen Koalitionspartners in Regierungsverantwortung oder die der dauerhaften, von Personalquerelen geplagten Oppositionspartei.[190]

2. Stopp: FRANKREICH

La République en Marche

Am Anfang stand keine Partei, sondern eine Bewegung: »En Marche!« (Französisch für »in Bewegung«). Als Emmanuel Macron sie am 6. April 2016 ausrief, forderte er all diejenigen auf, gemeinsam zu marschieren, die mit der Politik in Frankreich bis dato unzufrieden waren. Das erregte besonders viel Aufmerksamkeit, da Macron zu diesem Zeitpunkt selbst Teil der Regierung war: als Wirtschaftsminister im Kabinett von Premierminister Manuel Valls unter dem sozialistischen Staatspräsident François Hollande.

Im August 2016 trat Macron von seinem Amt zurück. Alles wollte er anders machen, eine politische Bewegung für die BürgerInnen starten. En Marche verstand sich als progressiv und sozial – weder als rechts noch als links. Und der Initiator schaffte es, die Franzosen mit euphorischen Reden zu begeistern. Um Teil der Bewegung zu werden, musste man keinen Beitrag zahlen, durfte gleichzeitig sogar Mitglied einer anderen Partei sein. Deutlicher konnte man sich doch nicht vom etablierten System absetzen, oder?

Mit diesem Enthusiasmus, einem klaren Bekenntnis zur EU, Themen wie einer Reform des Rentensystems und dem Verkauf von Staatsanteilen an Unternehmen[191] zogen Tausende Franzosen – vom Optiker bis zum Landwirt – von Tür zu Tür, machten Wahlkampf für Macron, der neuen Lichtgestalt des europäischen Politikbetriebs. Als unabhängiger Kandidat trat er zur Präsidentschaftswahl an, aus der er am 23. April 2017 mit dem höchsten relativen Stimmenanteil hervorging (24,01 Prozent). Am 7. Mai besiegte er die Rechtspopulistin Marine Le Pen vom Front National in der Stichwahl mit 66,1 Prozent der Stimmen.[192]

Mit 39 Jahren wurde Emmanuel Macron zum Staatspräsidenten von Frankreich gewählt. Ein strammer Marsch ins Amt: Nur 13 Monate hatte es vom Beginn der »Bewegung« an gebraucht. Besonders gepunktet hatte Macron bei den 25- bis 34-Jährigen, für die er der beliebteste Kandidat war. Doch auch ältere Generationen ließen sich von Macrons Aufruf zur Erneuerung begeistern.[193] Nach Angaben der Bewegung marschieren mittlerweile 392 000 Menschen.[194] Sogar einige Sozialisten ließen sich von ihrem ehemaligen Kollegen abwerben, weil der neue Schwung im Politikbetrieb auch etwas für die alten Hasen ist oder weil man bessere Chancen auf wichtige Posten witterte …

Inzwischen hat sich die Bewegung jedenfalls dem alten System angenähert. En Marche! ist eine Partei geworden, die jetzt La République en Marche (LREM) heißt: ohne Ausrufezeichen, dafür mit Statuten und Parteitag. Die Diversität der Mitglieder ist geblieben, die Regeln der Parlamentswahlen besagen aber: Wer kandidieren will, muss sich für eine Partei entscheiden. Kein Problem für diejenigen, die in der Bewegung einen Neustart sehen und im Juni 2017 zum ersten Mal überhaupt ins Parlament einziehen wollten – auch kein Problem für diejenigen, die von anderen Parteien übergelaufen sind, um einen Posten im Kabinett zu ergattern.[195]

Etablierte Überläufer hin oder her – was La République en Marche bewirken konnte, ist zum Beispiel, das Durchschnittsalter der Abgeordneten von 54,6 auf 49,2 Jahre zu senken. Die Parteimitglieder von LREM sind im Durchschnitt 46,2 Jahre, und während Abgeordnete der Nationalversammlung 2012 schon durchschnittlich zwölf Jahre in der Politik waren, sitzen 89 Prozent der Macron-Abgeordneten zum ersten Mal im Parlament.[196]

Im Rahmen der Transformation von der Bewegung zur Partei ist Macron allerdings ein Fehler unterlaufen, der den Enthusiasmus der Marschierer bremsen könnte: Er suchte sich für den Posten des Parteivorsitzenden einen engen Vertrauten aus. Von vielen AnhängerInnen wurde das als Zeichen verstanden, dass der Staatspräsident es mit der Abkehr von alten Mustern und Mauscheleien doch nicht so genau nimmt. Es könnte die Krux eines Erneuerers sein, der selbst aus dem vergifteten System kommt. Ob es die ehemalige Bewegung auch im institutionalisierten Politikbetrieb noch schafft, die BürgerInnen zu begeistern und weiterhin Politikneulinge für sich zu gewinnen, wird sich spätestens bei den nächsten Wahlen zeigen: auf europäischer Ebene 2019, auf kommunaler Ebene 2020.[197]

3. Stopp: **ÖSTERREICH**

NEOS

Damit hat in Österreich niemand gerechnet: Eine neue liberale Partei hat sich gegründet und ist gleich bei der ersten Wahl, zu der sie angetreten ist, ins Parlament eingezogen. NEOS – kurz für »Das Neue Österreich«, entstand auf Initiative des Unternehmers Matthias Strolz, damals 37 Jahre alt, im Oktober 2012. Die Klientel der Partei: die gehobene urbane Mittelschicht.

Die NEOS sind eine liberale Partei, die sich als Antipol zum langweiligen Politikbetrieb sieht und zeigen will, dass Politik auch Spaß machen kann. Dabei tritt die Partei auf wie ein modernes Start-up – veranstaltet »Labs«, Barcamps und andere Events, bei denen Politik in die Gesellschaft getragen werden soll. Zum Ziel hat sich die Partei gemacht, die Politik in Österreich zu erneuern, den Stillstand zu überwinden, Transparenz zu schaffen. Dass es daran mangelt, wissen die NEOS ganz genau – viele von ihnen haben sich vorher in etablierten Parteien, vor allem in der konservativen Volkspartei ÖVP versucht, waren aber an der Unreformierbarkeit und den verkrusteten Strukturen gescheitert.[198] »Es geht in der ÖVP nicht mehr um Inhalte oder darum, etwas zu bewirken«, beklagt ein NEOS-Mitglied, »sondern nur noch um den persönlichen Machterhalt. Gute Ideen zu haben ist wurscht.«[199]

Ein Jahr nach der Gründung der Partei überwanden die »Pinken« knapp die Vierprozenthürde bei der Nationalratswahl

2013 – konnten immerhin mit neun Abgeordneten ins Parlament einziehen. Bei den Nationalratswahlen 2017 steigerten sich die NEOS auf 5,3 Prozent. Am besten schnitt die Partei bei den unter 29-Jährigen ab, von denen rund 9 Prozent die Liberalen wählten.[200] Inzwischen hat die Partei nach eigenen Angaben 2 582 Mitglieder.[201]

Die europäischen Beispiele zeigen, dass die neue Form des jungen Engagements durchaus in der Lage ist, alte Systeme aufzumischen. Um ernsthaft mitbestimmen zu können, müssen sich die neuen Organisationsformen irgendwann an die etablierte Politik herantrauen, sonst kochen sie für immer ihr eigenes Süppchen auf kleiner Flamme. Freilich eignen sich längst nicht alle neuen Initiativen, um das etablierte System umzukrempeln. Was ist also das Geheimnis einer erfolgreichen neuen politischen Bewegung? Ein Blick nach Monheim am Rhein in Nordrhein-Westfalen.

Hier regiert seit 2009 die Jugendpartei PETO. »Peto« ist Latein für »ich fordere« und drückt damit genau das aus, was eine Gruppe Jugendlicher in Monheim 1999 tun wollte: etwas fordern. Mitbestimmung nämlich. Um die Zukunft ihrer Heimatstadt mitzugestalten, wollten sie bei den Kommunalwahlen lieber sich selbst wählen als die KandidatInnen der etablierten Parteien. Ihr Programm: Monheim kinder- und familienfreundlicher zu machen, zum Beispiel durch die Einrichtung eines Jugendcafés oder einen autofreien Sonntag.

Auf Anhieb bekam die Partei 6,1 Prozent der Stimmen – und durfte somit drei Sitze im Stadtrat belegen. Bei der nächsten Kommunalwahl 2004 konnte die Partei schon 16,6 Prozent der WählerInnen für sich gewinnen. Das bedeutete sieben Sitze im Stadtrat –

und keine Mehrheiten für CDU oder SPD mehr ohne PETO. Ab jetzt konnten junge PolitikerInnen in den Ausschüssen und Gremien der Stadt mitmischen. Auf der Agenda standen für PETO weniger reine Jugendthemen als Ideen zur Verbesserung der Lebensqualität in Monheim allgemein. Das kam an bei den Monheimern, die PETO 2009 zur zweitstärksten Fraktion nach der CDU (PETO: 29,6 Prozent, CDU: 30,2 Prozent)[202] und Daniel Zimmermann, Jahrgang 1982, zum Bürgermeister der Stadt machten. Damals war er 27 und der jüngste Bürgermeister in Nordrhein-Westfalen.

Inzwischen – rund 19 Jahre nach der Gründung der Partei – ist Daniel Zimmermann in zweiter Amtszeit Bürgermeister der 43 000-EinwohnerInnen-Stadt. Seine Partei PETO stellt 26 von 40 Sitzen im Stadtrat – mit einem *Altersdurchschnitt von 28,8 Jahren*. Den Erfolgskurs von PETO konnte Daniel aufrechterhalten – bei seiner zweiten Wahl bekam er 94,6 Prozent der Stimmen.[203]

Für die älteren, etablierten PolitikerInnen der Stadt war das ein Schock: »Im Stadtrat schlägt mir bis heute oft die Arroganz älterer KollegInnen aus allen Parteien entgegen«, bedauert Daniel. »Ein Parteivorsitzender mit Ende 60 will sich eben ungern von einem Anfang 30-Jährigen Parteipolitik erklären lassen.« Dabei gäbe es einiges, was die Alten von Daniel und seinen KollegInnen bei PETO lernen können.

Daniel Zimmermann gilt als eine Art Wunderkind der Lokalpolitik: Probleme sehen, angehen, lösen. Für PETO verlief diese Strategie so rcibungslos, dass die Partei ihre Wahlversprechen schnell einlösen konnte. Denn obwohl die Stadt bei Daniels Amtsantritt hoch verschuldet war, wurden durch die bei anderen Parteien umstrittene Senkung der Gewerbesteuer bald so viele Unternehmen angelockt, dass viel Geld in die Stadtkasse floss. Damit konnten zum Beispiel der Ausbau von Betreuungsplätzen finanziert und Kinderspielplätze saniert werden. Sobald die Einnahmen weiter stiegen, investierte die Stadt das Geld erneut: in Schulen, Fahrradwege, Glasfaserausbau, Erholungsflächen, eine neue Feuerwache, eine Veranstaltungshalle. Monheim ist aufgeblüht. Der Jugend sei Dank. Was ist ihr Geheimnis?

Zunächst einmal ist PETO nicht im klassischen Parteiensystem einzuordnen. Daniel Zimmermann meint, einer der Erfolgsfaktoren seiner Partei sei, dass ihre Mitglieder über eine gewisse Unbeschwertheit verfügten, die anderen PolitikerInnen oft fehlt: »Niemand von uns strebt eine Politikkarriere an, in unseren Leben gibt es auch noch andere Dinge. Das macht uns unabhängig.« Daniel hat Französisch und Physik auf Lehramt studiert. Andere AmtsträgerInnen der Partei sind zum Beispiel Krankenpfleger, kaufmännische Angestellte oder StudentInnen.

Ein weiterer Erfolgsfaktor: Das Programm der Jungen dreht sich um ihre eigenen Werte und Überzeugungen. »Wir haben den BürgerInnen gezeigt, wie wir uns die Stadt vorstellen, in der wir selbst leben wollen, und haben Vorschläge gemacht, wie wir das umsetzen können. Außerdem versprechen wir nichts, was wir nicht wirklich anpacken können – zum Beispiel, weil es in den Zuständigkeitsbereich des Landes fällt. Diese Ehrlichkeit schätzen die WählerInnen.«

Übrigens überzeugt die Partei, die mittlerweile rund 400 Mitglieder zählt, über alle Altersgruppen hinweg. Ein Wahlergebnis von 65,6 Prozent bei der Stadtrats- und 94,6 Prozent bei der Bürgermeisterwahl kann nicht nur durch junge Wählerinnen erzielt werden. Schließlich waren in Monheim 2014 allein die über 60-Jährigen mehr als alle unter 30-Jährigen Wahlberechtigten zusammen. Eine alte Dame soll bei einer Wahlkampfveranstaltung einmal zu Daniel gesagt haben: »Man hat das Gefühl, dass Ihnen die Stadt wirklich am Herzen liegt.«

Können die Jungen Politik für alle also besser? »Ich denke nicht, dass die Qualität eines Politikers etwas mit dem Alter zu tun hat, aber junge Leute haben meistens ein sehr hohes Maß an Veränderungsbereitschaft«, meint der Bürgermeister. »Und es ist natürlich wünschenswert, dass alle Altersgruppen in der Politik vertreten sind.«[204] Dass sich in Monheim eine ganze Partei von jungen Mitgliedern trägt, ist auf ihre Struktur zurückzuführen. Die Hierarchien sind flach, man kann von Anfang an anpacken: im Vorstand oder bei der Organisation von Veranstaltungen. Obwohl es für die Parteimitgliedschaft keine Altersgrenze gibt, seien die Posten aber immer für Junge reserviert.

Was das für Daniel Zimmermann bei der nächsten Kommunalwahl heißt, lässt er offen. Schließlich ist er inzwischen 36 Jahre alt. Um nicht zu werden wie die etablierten PolitikerInnen, muss er irgendwann loslassen. Vielleicht kann er das Erfolgsmodell PETO dann auf die Landes- und Bundesebene tragen. »Unser Vorteil auf kommunaler Ebene ist, dass wir konkret Probleme anpacken können und keine Grundsatzfragen diskutieren müssen«, erklärt er. Dass eine Partei wie PETO auf Bundesebene funktionieren kann, schließt er aber nicht aus.

Als Vorbild könnte dann die spanische Partei Ciudadanos dienen, die sich 2006 als Regionalpartei in Barcelona gründete und seit ein paar Jahren landesweit aktiv ist. Bürgermeister Daniel Zimmermann hat derzeit keine Pläne für eine Ausweitung des Wirkungsbereichs seiner Partei. Insgesamt legt er PolitikerInnen aber die beiden wichtigsten Prinzipien von PETO ans Herz:

Verbindlichkeit und Unabhängigkeit.[205]

Will man die etablierten Parteien umkrempeln, geht das nur mit einem Rundumschlag, meinen Yannick Haan, Jahrgang 1986, und Diana Kinnert. Dafür wagten sie etwas für das Engagement junger Leute Typisches: parteienübergreifende Zusammenarbeit. Yannick ist Mitglied der SPD, Diana Mitglied der CDU – beide engagieren sich in der Stiftung für die Rechte zukünftiger Generationen (SRzG), in deren Namen sie im Frühjahr 2017 einen Elf-Punkte-Plan für generationengerechte Parteien verfasst haben. Darin fordern sie eine Modernisierung des Parteiensystems.

Aus eigener Erfahrung ist den beiden PolitikerInnen klar: Wer jung ist, hat wenig Zeit, wer wenig Zeit hat, möchte sie sinnvoll nutzen. Deshalb sehen ihre AltersgenossInnen nicht ein, warum sie Teil einer Institution sein sollen, über deren Ausrichtung sie nicht mitbestimmen dürfen. Eine Forderung des Thinktanks ist daher, den Mitgliedern wieder mehr Macht zu geben. In Urabstimmungen könnte zum Beispiel – wie es in manchen Parteien schon der Fall ist – über KandidatInnen oder Positionen abgestimmt werden. Überhaupt soll es für alle Mitglieder wieder die Möglichkeit für große Ideen geben: mehr Raum für frisches Denken, politische Diskussionen und innovative Konzepte statt für Machtpolitik und Posten-Poker. Und schließlich sei es einfach nicht mehr zeitgemäß, an einen einzigen Ortsverein gebunden zu sein. Wer nicht zu einem Ortstreffen kommen kann, soll trotzdem informiert bleiben und mitdiskutieren können. Deshalb sollen die Optionen zur Online-Mitarbeit ausgebaut werden. Davon würden im Übrigen nicht nur junge Menschen profitieren, die von Praktikum zu Auslandssemester zum ersten Job hetzen, sondern auch Leute mit Familie oder Menschen, die im Schichtdienst arbeiten und deshalb nicht immer physisch anwesend sein können. Dabei ginge es den Jungen nicht darum, die Stammtische in Eckkneipen abzuschaffen, sondern dem etwas hinzuzufügen: »Wir brauchen Diskussion, online und offline«, erklärt Yannick Haan dem Magazin *fluter*.[206]

Die Forderungen der SRzG gehen noch weiter: Eine Partei könne nicht innovativ bleiben, wenn immer wieder dieselben Köpfe in den EntscheiderInnenpositionen sitzen. Um das zu verhindern und zudem den Nachwuchs zu stärken, fordert der Thinktank, dass Parteien bei der Listenaufstellung in Zukunft jeden fünften Platz an eineN unter 35-jährigen KandidatIn vergeben. Unmöglich sei das nicht, ähnliche Konzepte gebe es schon, zum Beispiel beim Landesverband der Grünen in Berlin. Dort regelt eine »Neuenquote«, dass mindestens jeder dritte Listenplatz bei einer Abgeordnetenhauswahl an eine BewerberIn geht, der/die noch nie einem Parlament angehört hat. Wo ein Wille ist, ist also auch ein Weg?

Die Reaktionen der Parteien auf den Elf-Punkte-Plan waren verhalten bis ernüchternd. Die Stiftung hatte den Vorschlag an alle in den Parlamenten vertretenen Parteien geschickt. »Die Rückmeldungen reichten von sehr detailliertem Feedback zu einzelnen Punkten bis hin zu: ›Wir sehen nicht die Notwendigkeit, junge Menschen zu fördern‹«, erinnert sich Yannick. Eine positive Rückmeldung mit klarem Umsetzungswillen gab keine der Parteien.

Yannick und Diana wollten sich damit nicht abfinden und brachten junge PolitikerInnen der anderen Parteien mit an den Diskussionstisch: Terry Reintke von den Grünen, Ria Schröder von der FDP und Shaked Spier von der Linken. Gemeinsam starteten sie einen Aufruf für eine jüngere, zukunftsgewandte Politik, im Gegensatz zur aktuell »gestrigen«, die verwalte, statt zu gestalten, und junge Menschen nicht ausreichend repräsentiere. Politische Partizipation müsse endlich neu gedacht werden, schrieb die Gruppe in der *Zeit*. Um konstruktiv über die Zukunft zu streiten, bringe es nun mal nichts, nur in den alten Links-rechts-Kategorien zu denken. Die fünf PolitikerInnen waren zu diesem Zeitpunkt, im Februar 2018, zwischen 25 und 32 Jahre alt.

Trotz der unterschiedlichen Parteizugehörigkeiten wurden die JungpolitikerInnen in ihren Forderungen konkret. Sie nahmen sich einerseits die Strukturen der Parteien vor: Es brauche *Mitgliederbeauftragte* als Ansprechpartner für Neueinsteiger, die *Antragsrechte* in den Parteien müssten *ausgeweitet* werden, damit auch Menschen ohne Parteiamt zu Wort kommen. Da die Gesellschaft mobiler geworden sei, müsse es außerdem möglich sein, auch *per Skype an den Sitzungen des Ortsvereins* teilzunehmen.

Aber auch gesamtpolitisch haben die Jungen Ideen: Ministerien auf Zeit zum Beispiel, eine transnationale Liste bei Europawahlen, fächerübergreifende Lehrpläne, die Problemlösung und kritisches Denken in den Mittelpunkt stellen, WLAN für alle, eine neue Sozialpolitik mit Grundeinkommen und ein Recht auf Fortbildung. Das Wichtigste aber war den Jungen, dass Politik wieder inspirierend und zukunftsweisend sei. Es sei nun einfach Zeit, auf die Jungen zu hören.[207] Warum also nicht einfach eine Jugendpartei gründen?

»Ich glaube an das Prinzip Volkspartei«, beteuert Yannick. Es müsse einfach möglich sein, eine traditionelle Partei neu auszurichten.[208] Nur interessieren sich diese Volksparteien nicht wirklich für die Vorschläge der Jungen. Zum Zukunftsmanifest hätten die fünf zwar jede Menge Rückmeldungen bekommen: »Viele Menschen haben sich gemeldet – alte und junge, die meinten, genau so etwas habe ihnen gefehlt, sie stünden voll hinter uns«, erklärt Yannick. Die Schaltstellen der Parteien blieben jedoch stumm: keine Stellungnahme, keine Ermutigung, nicht einmal eine Einladung zum Kaffee, um die Ideen zu besprechen. »Wir haben viel mediale Aufmerksamkeit bekommen«, sagt Yannick, »Dass sich trotzdem niemand aus den Parteien mit ernsthaftem Interesse an unseren Ideen gemeldet hat, war schon enttäuschend.«

Die Jungen bleiben hartnäckig. Solange es nicht mit den überparteilichen Forderungen vorangeht, versucht Yannick erst einmal, seine eigene Partei auf Vordermann zu bringen: Von SPD++ bis #SPDerneuern beteiligt er sich an allen Veränderungsprozessen, die innerhalb der Volkspartei angestoßen werden. Nach und nach könne so die Struktur der Partei modernisiert werden, hofft er. Die Bereitschaft dafür sei da. Dass das die Grundvoraussetzung für Veränderung ist, findet auch Diana. Sie gibt die Hoffnung nicht auf und schreibt in ihrem Buch, es liege im Verantwortungsbereich der Parteien, »Modernisierung innerhalb der eigenen Strukturen zuzulassen und die Rahmenbedingungen zu schaffen, auf die Parteimitglieder von heute angewiesen sind. Dazu gehört, niedrigschwellig und hierarchiefrei, themenspezifisch und projektorientiert mitarbeiten zu können; eine Kultur ohne Anwesenheitszwang, dafür mit digitalen Mitteln«.[209]

Mitgestalten statt verwalten: So gelingt generationenübergreifende Demokratie

Die Motivation für politisches und gesellschaftliches Engagement ist bei vielen jungen Menschen vorhanden, stößt aber oft und schnell an Grenzen: unflexible Strukturen, wenig ergebnisorientierte Beteiligungsformen – oder gar keine Möglichkeiten zur Beteiligung. Aber eine funktionierende Demokratie muss alle Bürger begeistern können, auch die jungen. Was also tun?

»Zivilgesellschaftliche Akteure müssen stärker in den politischen Prozess eingebunden werden«, fordert Katja Sinko. »Das ist der Schlüssel.« Die vielen Menschen, die aktiv sind, müssen spüren können, dass ihr Engagement ernst genommen wird. Es sei ein steiniger Weg, bis man als Initiative wie The European Moment direkten Einfluss auf die Politik nehmen kann: Die Petition »Bundestag mach's Europäisch« in den Bundestag zu bringen sei ein hoher bürokratischer Aufwand gewesen, die Regeln dafür schwer verständlich, nicht wirklich geeignet für Laien. Da geht noch mehr, findet Katja. Eine Entbürokratisierung müsse her, damit bürgerschaftliches Engagement mehr Anklang finde – sowohl auf Seiten der BürgerInnen, als auch auf Seiten der Politik.

Ist das erst einmal geschafft, können wir uns um den zeitlichen Rahmen kümmern. Neben dem Lernmarathon in den Schulen, Turbostudium, Überstunden und Praktikumskarrieren (siehe Kapitel drei) muss es Möglichkeiten geben, am Abend noch zwei Stunden beim Vereinstreffen zu sitzen, nach der Klausur einen Flyer für die Demo zu gestalten oder zwischen Nachmittagsunterricht und Nachhilfestunde im Flüchtlingsheim auszuhelfen. Warum also Engagement nicht zum Bestandteil unserer Ausbildungswelt machen?

Unterrichtsinhalte mit der Praxis zu verknüpfen, wenn es thematisch Sinn ergibt – das wäre für alle Schulfächer wünschenswert. Solange das nicht in den Lehrplänen verankert ist, liegt die Umsetzung wohl in den Händen der Lehrkräfte. Doch die sind oft machtlos gegenüber verkrusteten Strukturen in den Schulen und den Kultusministerien. Dabei könnte die Verknüpfung von Unterricht und Engagement noch einfacher gehen, wenn feste Partnerschaften zwischen Schulen und Initiativen oder Vereinen bestünden. Wie könnte so eine Kombination aussehen?

In Französisch lassen sich Sprachtandems mit Geflüchteten aus französischsprachigen Ländern bilden: Dabei lernen die Schüler nicht nur Konversation, sondern auch noch etwas zu Landeskunde und Politik. Warum nicht in Deutsch eine Klausur über die Erfahrungen in der Anti-Nazi-Kampagne schreiben – zum Beispiel, um die Berichtsform zu üben –, eine weitere dann als Erörterung zum Kopftuchverbot? Warum nicht im Religions- oder Ethikunterricht einen Aufsatz darüber schreiben, was man beim Aushelfen im Altenheim über Nächstenliebe gelernt hat – und damit die Bibelstellen und philosophischen Texte erklären, die man vorher auswendig gelernt hat? Engagierte LehrerInnen und Schulen setzen auch heute schon auf eine solche Verzahnung von Unterricht und Engagement, doch Standard ist das längst nicht. Dabei wäre nicht nur den SchülerInnen geholfen, die ihr theoretisch erlerntes Wissen auf diese Weise praktisch anwenden können, sondern auch den Vereinen, Hilfsorganisationen und sozialen Einrichtungen, die sich schwertun, Freiwillige zu finden, und natürlich den Menschen, denen die Hilfe letztlich zugutekommt.

Paulina Fröhlich glaubt, dass solche Konzepte vielen Initiativen helfen könnten. »An der Uni gibt es oft Projekte mit Unternehmen. Warum geht das nicht auch für soziale Organisationen?«, fragt sich die Mitinitiatorin von Kleiner Fünf. Eine DesignerInnen-Gruppe könne doch auch Logos für Organisationen entwerfen statt für Konzerne. Und warum kann es nicht ECTS-Punkte für politisches Engagement geben – wo man mindestens genauso viel lernt wie in allen Softskills-Kursen zusammen.

Engagement direkt in den Alltag integrieren – das macht zum Beispiel das Projekt aula. Es wurde vom Verein politik-digital ins Leben gerufen und wird von der ehemaligen Geschäftsführerin der Piratenpartei Marina Weisband, Jahrgang 1987, geleitet. Im Mittelpunkt des Projekts steht die direkte Beteiligung von Kindern und Jugendlichen im Schulalltag. Es sei wichtig, gegen das Ohnmachtsgefühl anzukämpfen, das in weiten Teilen der Gesellschaft vorherrsche, meint die Ex-Piratin in einem Interview mit der Open Knowledge Foundation. »Das fängt schon in der Schule an, da sagen Schüler häufig, die Schulleitung macht doch eh, was sie will.«[210]

Über eine schulinterne Software-Plattform können SchülerInnen dank aula neue Ideen für den Schulalltag mit ihren MitschülerInnen diskutieren. Auf diese Weise lernen sie Marina Weisband zufolge nicht nur die Fähigkeiten, die sie in einer Demokratie brauchen – Kommunikation, Zusammenarbeit, Kreativität und kritisches Denken –, auch die Schule könne noch etwas gewinnen, das ihr bisher erheblich fehle: Demokratie. Aktuell würden Schulen ihre SchülerInnen nämlich nicht zu selbstbestimmten BürgerInnen erziehen. Das soll sich jetzt ändern.

Mit aula können SchülerInnen am Laptop oder Smartphone ihre eigenen Ideen einbringen – sei es zur Nutzung des Handys für bestimmte Projekte im Unterricht, sei es zur Gestaltung einer ungenutzten Rasenfläche oder zu Regelungen für die Pausenzeiten. 10 Prozent der SchülerInnen an der Schule müssen dem Vorschlag zustimmen, damit er gemeinsam diskutiert und ausgefeilt werden kann. Dann wird die Schulleitung miteinbezogen, bevor es eine finale Abstimmung unter den SchülerInnen gibt.

Das Prinzip von aula hat Marina Weisband übrigens quasi gekapert: Die Plattform funktioniert wie die Software Liquid Feedback, welche die Piraten zur Meinungs- und Entscheidungsfindung genutzt haben.[211] Zurzeit wird aula an vier Pilotschulen getestet. Die Testphase für das Demokratieprojekt läuft bis Sommer 2018.[212]

Das Besondere an aula ist, dass es versucht, SchülerInnen direkt in den schulischen Entscheidungsprozess einzubeziehen, statt sie »beratend« auszugliedern – wie es meist bei SchülersprecherInnen der Fall ist. Eigene Kinder- und Jugendinstitutionen wie die Schülermitverwaltung gibt es an vielen Stellen: Kindergemeinde- beziehungsweise -stadträte, KinderbürgermeisterInnen, Jugenddelegierte der Vereinten Nationen. Ihr Problem ist, dass sie in keine »echten« Entscheidungen involviert sind. Sicherlich tun diese Institutionen etwas für die politische Bildung der Jungen und bringen ihnen demokratische Teilhabe näher – nur eben bloß nicht zu nahe. Denn mitbestimmen dürfen sie in diesen »Jugendposten« eben ganz bewusst nicht. Stattdessen bekommen die Kinder und Jugendlichen eine Sonderrolle nach dem Motto »Geht erst mal üben!«.

Die alten EntscheiderInnen schmücken sich damit, dass sie die Jugend einbeziehen. Würden sie das aber wirklich ernst meinen, müssten sie die Jungen in die schon bestehenden, »echten« Gremien integrieren. Wie wir in den letzten Kapiteln gelernt haben, funktioniert das auf freiwilliger Basis nicht. Wie wäre es also, die Mitsprache von Kindern und Jugendlichen zu institutionalisieren?

Auf die Plätze! Mit einer Quote zu jüngeren Parteien?

»Quote« ist kein beliebtes Wort. Bei vielen Menschen löst es Panik aus. Wie in Talkshows, wenn Schimpfwörter durch ein schrilles »Piep« zensiert werden, hören viele Menschen, wo immer das Wort »Quote« auftaucht, ein alarmierendes »Bürokratieeeeeee«. Oder sie haben Angst davor, dass durch den bösen Begriff das Prinzip von Angebot und Nachfrage beeinflusst werden könnte. Soll der Markt das mal alleine regeln.

Leider funktioniert das nicht immer. Das hat inzwischen sogar die FDP gemerkt und diskutiert über eine parteiinterne Frauenquote. Vermutlich werden sie die anders nennen – wo kämen wir sonst hin? –, aber an der Erkenntnis, dass der Wettbewerb nicht immer alles ganz allein und fair regelt, ist nicht mehr zu rütteln.

Auch für junge PolitikerInnen könnte eine Quote die Chance auf mehr Gerechtigkeit sein: die Jugendquote. Bevor sie vom jahrelangen Plakatekleben und Sitzungenprotokollieren selbst alt geworden sind, könnten junge Menschen mithilfe dieses Instruments in den Bundestag, Parteivorstand oder Landtag einziehen. Gleichzeitig würde es dafür sorgen, dass unter den älteren PolitikerInnen mehr Durchmischung stattfindet. Statt jahrzehntelang auf ihren Stühlen zu kleben, müssten sie dann ihren Platz auch mal räumen – und in der Zwischenzeit einem anderen Beruf nachgehen, möglicherweise fernab der Politikblase, was einigen sicher nicht schaden würde.

Die Quote ist ein Politikum. Manchmal schaffen es die Menschen alleine nicht, faire Chancen für alle zu vergeben. Natürlich ist es besser, wenn »automatisch« alle Gruppen in einem System gleichermaßen vertreten sind. Aber gerade in der Politik, wo das Wohl der gesamten Bevölkerung im Mittelpunkt stehen soll, funktioniert das ganz und gar nicht. Ein bisschen Nachhelfen könnte nicht schaden.

So sieht das der Jugendforscher Klaus Hurrelmann. Er befürwortet für die Kandidatenaufstellung der Parteien eine Jugendquote. Seine Begründung: Die Lebenswelt der jungen Menschen käme so in den Parteien wieder vor – und generationengerechte Themen fänden wieder Beachtung. Keines der Parteiprogramme sieht aktuell allerdings eine solche Nachwuchsquote, Jugendquote oder irgendetwas Vergleichbares vor.[213]

Immerhin findet sich die Forderung bei der parteiinternen Initiative SPD++ wieder, die es sich zum Ziel gemacht hat, die Partei neu zu denken. Der Initiative gehören etliche Parteimitglieder verschiedenen Alters an, darunter die Autorin Juli Zeh, Jahrgang 1974, die ehemalige Familienministerin von Nordrhein-Westfalen Christina Kampmann, Jahrgang 1980, und der ehemalige Berliner Staatssekretär für Kultur Tim Renner, Jahrgang 1964. Sie alle fordern eine Jugendquote für die SPD: 25 Prozent in den Führungsgremien der Partei. Außerdem soll unter fünf Listenplätzen für Parlamente mindestens einer mit einer Kandidatin oder einem Kandidaten unter 35 Jahren besetzt sein.[214] Dass die jungen Lebenswelten in Parteien unterrepräsentiert sind, finden also nicht nur die unter 35-Jährigen selbst, sondern auch manche älteren KollegInnen.

Ebenfalls eine Befürworterin der Jugendförderung durch Quote: die Stiftung für die Rechte zukünftiger Generationen. Im September 2015 veröffentlichte der Thinktank ein Positionspapier zu »Nachwuchsquoten in Parteien und Parlamenten«. Darin heißt es:

> »Jungen Menschen mit ihren frischen Ideen und Denkansätzen wird kaum – ernst gemeinter – Raum zur Mitgestaltung gegeben. … Aufgrund der ungleichen Verteilung der politischen Mitbestimmung bedarf es einer Quotenregelung zur politischen Teilhabe.«

Konkret fordert die Stiftung, dass 20 Prozent »der aussichtsreichen Plätze« bei der Listenaufstellung der Parteien auf Landes- und Bundesebene mit Personen zwischen 18 und 35 Jahren besetzt werden. Auch beim Kabinett in Bund und Ländern soll eine Nachwuchsquote von 20 Prozent gelten – das sei so viel wie der Anteil der jungen Generationen an der Gesamtbevölkerung und solle sich in den politischen Gremien dementsprechend widerspiegeln.[215] Im Januar 2016 erzielte die Stiftung mit diesen Forderungen einen ersten Erfolg: Der Familienausschuss des Bundestags lud eine Abordnung ein, das Positionspapier vorzustellen. »Wir haben uns wahnsinnig gefreut, unsere Ideen an so prominenter Stelle vorzustellen«, erinnert sich Anna Braam, Jahrgang 1988, die Sprecherin der Stiftung.

Tatsächlich erwarteten rund zehn Abgeordnete die Delegation, um sich anzuhören, wie es zu schaffen wäre, in Zukunft mehr junge PolitikerInnen in entscheidende Positionen zu bringen. Ein Zeichen wahren Interesses – dachten jedenfalls die jungen Engagierten der Stiftung. Doch dann kam alles ganz anders. »In der Diskussion nach unserer Präsentation wurden alle Ideen zerschmettert«, erzählt Anna. Die Reaktionen der ParlamentarierInnen seien durchweg negativ gewesen. Sie reichten von »Man braucht aber schon ein bisschen Erfahrung, um so ein Mandat auszuüben« über »Die sollen erst mal die Ochsentour machen, so wie wir auch« bis hin zu »Ich hab ja selber Kinder und Enkel, für die denke ich immer mit«.

Anna erinnert sich daran, wie irritierend das Verhalten der PolitikerInnen für sie war: »Es war, als hätten sie das Gefühl gehabt, angegriffen zu werden und jetzt erst einmal zurückschießen zu müssen. Sie hatten anscheinend Angst, dass ihnen jemand etwas wegnehmen will.« Der gesamte Ausschuss lehnte die Ideen der jungen Gruppe ab. »Wir haben uns schon gefragt, warum wir überhaupt eingeladen wurden«, erinnert sich Anna an den Tag. »Es kam so rüber, als hätten sie sich vorgenommen, jetzt mal ein paar junge Leute reinzuholen und ein Foto von ihren angeblichen Bemühungen zu machen.«

Außer diesem Foto ist vor allem ein Gefühl der Enttäuschung geblieben – und der Satz eines Parlamentariers, der sich besonders eingebrannt hat und einmal mehr zeigt, wie dringend der Dialog der Generationen in der Politik gefördert werden muss:

»Wir brauchen keine jungen Leute.«

An einem Tisch:
Gemeinsam die Zukunft checken

Wenn in diesem Buch bisher die Rede davon war, dass die Alten endlich Platz für die Jungen machen sollen, dann nicht, weil wir Jungen wie die fiesen Bösewichte in Trickfilmen händereibend darauf warten, es den Alten aber mal so richtig heimzuzahlen. Was wir tun, ist, die uns zustehenden Plätze am Verhandlungstisch einzufordern. Im Idealfall ist dieser Verhandlungstisch von allen gesellschaftlichen Gruppen gleichermaßen besetzt. Wir wollen nicht, dass ältere Generationen über uns entscheiden. Wir wollen aber auch umgekehrt nicht über sie entscheiden. Was wir uns wünschen, ist, gemeinsam mit den Alten über die Gesellschaft zu bestimmen, in der wir zusammenleben. Das heißt nicht, dass nicht gestritten werden darf. Im Gegenteil! Demokratie lebt vom Diskurs. Deshalb brauchen wir mehr Raum für Diskussionen.

In der Bundesrepublik gibt es diverse Gremien, die sich mit Themen der Zukunft beschäftigen, darunter zum Beispiel der Parlamentarische Beirat für nachhaltige Entwicklung. Leider werden seine Mitglieder von den Parteien im Bundestag entsandt – und sind daher altersmäßig nicht besser durchmischt als das Parlament selbst.

Es gibt hierzulande keine institutionalisierte Form des Generationendialogs – und auch keine Zukunftsinstitution mit starken, wirkungsvollen Instrumenten. Alles, was inhaltlich längerfristig gedacht ist als bis zur nächsten Wahl, darf in der Bundesrepublik erst einmal beraten werden. Besteht gar kein Interesse daran, Politik für die Zukunft zu machen?

Dass es zwar möglich, aber nicht unbedingt im Interesse der Regierenden ist, ein besonderes Augenmerk auf die Rechte junger und zukünftiger Generationen zu legen, zeigen folgende Beispiele aus dem Ausland:

In Israel wurde im März 2001 eine Kommission für zukünftige Generationen eingerichtet. KandidatInnen für das KommissarInnenamt sollten unabhängig sein, was dadurch gewährleistet wurde, dass sie bei ihrer Nominierung seit mindestens zwei Jahren nicht politisch aktiv gewesen sein und keiner politischen Partei angehören durften. So wurde der Richter Shlomo Shoham der erste – und bislang einzige – Kommissar für zukünftige Generationen. Er war befugt, Gesetzesvorhaben, Regierungsverordnungen oder sonstige parlamentarische Maßnahmen auf mögliche negative Folgen für die Bedürfnisse kommender Generationen zu überprüfen, Korrekturen oder Streichungen zu veranlassen und selbst Gesetzesmaßnahmen zu initiieren.

Mit anderen Worten: Shlomo Shoham hatte tatsächlich Einfluss auf die israelische Politik. Er amtierte von 2001 bis 2006. Danach wurde seine Stelle nicht mehr neu besetzt.[216] In einem Interview mit *Spiegel Online* erklärte er im November 2010:[217]

> *»Wann auch immer man für die Zukunft kämpft, tritt man jemandem auf die Füße. Wenn man sich dagegen wehrt, dass zu nah an der Küste gebaut wird, verärgert man die Bauindustrie, wenn man sich gegen Werbung für Fastfood im Umfeld von Kindersendungen einsetzt, stört dies die Nahrungsmittelindustrie. Jedes Gesetz kam vor seiner Verabschiedung auf meinen Tisch, und ich hatte zu beurteilen, ob es für künftige Generationen Nutzen oder Schaden brächte. Wenn ich es ablehnte, wurde noch einmal darüber diskutiert. Die Parlamentsmitglieder stellten fest, wie stark ihre Macht beschnitten war. Darum versuchten sie, diese Position wieder abzuschaffen.«*

Auch in Ungarn gibt es theoretisch einen Kommissar für zukünftige Generationen. Sein Büro wurde 2007 gegründet, der erste Amtsinhaber war der Umweltjurist Sándor Fülöp. Der Kommissar sollte in Ungarn besonderes Augenmerk auf nachhaltige Umweltpolitik legen – schon 2012 wurde das Amt aber wieder eingestampft. Jetzt ist der Kommissar für zukünftige Generationen Teil des Büros des Kommissars für Menschenrechte – und verfügt über kaum Mitspracherechte und Ressourcen.[218] [219]

Weitere Länder wie Wales haben inzwischen das Amt der KommissarIn für zukünftige Generationen geschaffen – allerdings eher zum Zwecke der Öffentlichkeitsarbeit und Beratung.[220] Ähnlich klingen die Ideen des World Future Council für einen Hohen Kommissar für zukünftige Generationen, angegliedert zum Beispiel an die Generalversammlung der Vereinten Nationen, mit jährlichen Berichten und – richtig – Beratungsfunktion.[221]

So theoretisch dürfe Generationengerechtigkeit in der deutschen Politik nicht abgehandelt werden, findet der Soziologe und Jugendforscher Klaus Hurrelmann. »Jedes einzelne Thema, über das in der Politik diskutiert wird, müsste einem Generationencheck unterzogen werden«, fordert er.[222] Schließlich reichen alle Beschlüsse und Reformen weit in die Zukunft. Wenn schon kein generationenübergreifendes Gremium, dann doch zumindest ein Instrument, das den Zukunftsverweigerern auf die Finger klopft …

Einen etwas anderen Weg schlugen unsere Altersgenossen in Kolumbien ein: 25 Kinder und Jugendliche verklagten dort den Staat wegen der Abholzung des Regenwaldes. Durch diese Zerstörung der Natur sei ihr Recht auf Leben und Gesundheit beeinträchtigt. Im April 2018 gab ihnen das Oberste Gericht Kolumbiens Recht. Nun ist der Staat verpflichtet, die Umweltzerstörung zu verhindern – in Zusammenarbeit mit den KlägerInnen, denn in ihrer Klage hatten sie deutlich gemacht: »Wir sind diejenigen, die von den Auswirkungen des Klimawandels am meisten betroffen sein werden, aber auch die, die am wenigsten Einfluss darauf nehmen können.«[223]

In den Wahlprogrammen der deutschen Parteien zur Bundestagswahl 2017 sind jedenfalls nur ein paar zarte Vorschläge in Richtung Generationencheck zu finden. So verspricht die FDP zum Beispiel eine Generationenbilanzierung von Gesetzen. Leistungen, die ein Gesetz für nachfolgende Generationen erbringt, sollen den Belastungen gegenübergestellt werden. Blöd nur, dass daraus nichts wird, solange die Partei keine Führungsverantwortung übernimmt. Die Linke will ebenfalls die Auswirkungen politischer Maßnahmen auf die Jugend überprüfen – ihr fehlt noch ein Name dafür, doch den liefert die SPD: Jugend-Check.[224]

Der Jugend-Check soll die Auswirkungen von Gesetzesvorhaben auf junge Menschen zwischen zwölf und 27 Jahren prüfen. Aktuell fördert das SPD-geführte Familienministerium diese vom Deutschen

Forschungsinstitut für öffentliche Verwaltung (FÖV) durchgeführte Maßnahme. Der Jugend-Check sei ein »Prüf- und Sensibilisierungsinstrument«,[225] was so viel heißt wie: Seine Ergebnisse bleiben ohne Konsequenzen.

Der Fairness halber: Der Check ist noch zu neu, um seinen Einfluss auf den Prüfstand zu stellen. Aber ohne feste Verankerung im Gesetzgebungsprozess bleiben keine großen Hoffnungen, dass er überhaupt von ParlamentarierInnen zur Kenntnis genommen wird. Finanziert wird das Projekt vorerst bis 2019, im Koalitionsvertrag taucht der Jugend-Check gar nicht auf. Zur politischen Teilhabe junger Generationen findet sich stattdessen der Punkt »Eigenständige Jugendpolitik«,[226] wo es heißt:

> »Ziel soll sein, bei politischen Maßnahmen für jugendpolitische Belange zu sensibilisieren. Die Teilhabe von jungen Menschen wollen wir auf allen Ebenen stärken und weitere Beteiligungsformate unterstützen.«

Ganz allgemein und unverbindlich.

Damit die Jungen nicht mehr nur die Zukunft sind: Wahlrecht für alle!

Einen verbindlicheren Schritt als mit der »eigenständigen Jugendpolitik« macht die große Koalition mit der Ankündigung, Kinderrechte im Grundgesetz zu verankern. Ein Vorhaben, das viel zu spät kommt, nämlich fast 30 Jahre nachdem die Vereinten Nationen die Kinderrechtskonvention verabschiedet haben, in der steht, dass Kinder uneingeschränkt als Rechtssubjekt anerkannt werden sollen. Im Koalitionsvertrag heißt es dazu:[227]

»Wir werden Kinderrechte im Grundgesetz ausdrücklich verankern. Kinder sind Grundrechtsträger, ihre Rechte haben für uns Verfassungsrang. Wir werden ein Kindergrundrecht schaffen. Über die genaue Ausgestaltung sollen Bund und Länder in einer neuen gemeinsamen Arbeitsgruppe beraten und bis spätestens Ende 2019 einen Vorschlag vorlegen.«

Bevor wir den vermeintlichen Vorstoß der Bundesregierung beurteilen können, heißt es also erst einmal: abwarten. Denn die Ausführung des Gesetzes ist entscheidend für seine Wirkungskraft. Richtig ausgestaltet, können die im Grundgesetz verankerten Kinderrechte einiges bewirken.

Staat und Eltern wären damit verpflichtet, sich bei ihren Entscheidungen am Vorrang des Kindeswohls zu orientieren. Das könnte zum Beispiel Einfluss auf die Planung von Wohnvierteln haben oder auf die Gestaltung des Schulsystems. Vor allem aber wären die Rechte der Kinder durch eine Verankerung im Grundgesetz einklagbar, bei ihrer Verletzung könnte Verfassungsbeschwerde eingelegt werden. Dadurch würde schließlich die Beteiligung von Kindern und Jugendlichen enorm gestärkt werden.[228]

Eine große Einschränkung bliebe aber trotzdem bestehen: das Wahlalter. Kinder und Jugendliche unter 18 dürften immer noch nicht wählen. Und das, obwohl sie am längsten von alldem betroffen sind, was PolitikerInnen entscheiden.

Nun gibt es durchaus Parteien, die – laut Parteiprogramm 2017 – der Herabsetzung des Wahlalters auf 16 Jahre nicht abgeneigt sind: SPD, Linke und Grüne. Doch abgesehen davon, dass diese Herabsetzung bisher nur in einigen Bundesländern für die Kommunal- und Landtagswahlen geschehen ist, stellt sich die Frage, wie die Parteien auf die Zahl 16 kommen? Trauen sie sich nicht mehr? Dabei geht da noch einiges: Der Jugendforscher Klaus Hurrelmann würde die Altersgrenze auf 14 Jahre herabsetzen, andere Generationenforscher fordern, sich ganz von der Beschränkung zu verabschieden.[229]

Ein Kinderwahlrecht könnte so aussehen: Kinder und Jugendliche, die ihr Wahlrecht ausüben wollen, können über den Zeitpunkt entscheiden, ab dem sie es in Anspruch nehmen wollen. Dann tragen sie sich selbst ins Wählerverzeichnis ein. Fertig.

Weiterhin würde ab dem 18. Lebensjahr trotzdem ohne Zutun des oder der Wahlberechtigten eine Wahlbenachrichtigung ins Haus flattern.[230] Klingt gar nicht so kompliziert, oder?

Trotzdem: Fordert man ein Kinderwahlrecht, erntet man bei GesprächspartnerInnen leider oft Naserümpfen, Stirnrunzeln und vollkommen verwirrte oder verständnislose Blicke: Kinder? Wählen? Nein, das ginge nun wirklich nicht, also, was für eine lächerliche Idee, hörst du dir selbst eigentlich zu? Wahrscheinlich ploppt in ihrem Kopf sofort das Bild auf, wie ein Zweijähriger in Windeln ins Wahllokal robbt und mit Schnuller im Mund einen Spuckefaden quer über den Wahlzettel zieht, bevor er ihn zerreißt und Stück für Stück wie ein Bonbon zerlutscht.

Oder sie gehören zu der Gruppe, die die Jugend als völlig nutzlos und unfähig einschätzt. Von dieser in unserer Gesellschaft schier allgegenwärtigen Annahme sind wir Junge inzwischen so indoktriniert, dass einige traurigerweise sogar an sich selbst zweifeln. Ein 15-jähriger Teilnehmer des Parlaments der Generationen in München sagte mir: »Eigentlich müssten wir Jugendliche auch wählen dürfen. Aber vielleicht sind wir noch nicht bereit dazu.« Warum dieses Misstrauen?

Es gibt viele Gründe, die sich Menschen aus den Fingern saugen, um sich davon zu überzeugen, dass Kinder nicht das Recht haben sollten zu wählen. Besonders beliebt: Kinder sind nicht reif genug zum Wählen – deswegen gebe es ja die Altersgrenze ab 18. Fragt man nach, was denn mit »Reife« gemeint sei, fallen schnell Begriffe wie »Unwissenheit«, »Uninteressiertheit« und, tja, wie es bei den Jungen eben immer so ist: »Unerfahrenheit«.

Es wäre tatsächlich ein Traum, wenn jeder Bürger und jede Bürgerin, der oder die zur Wahlurne schreitet, sich vorher eingehend mit dem politischen System, den Inhalten der Parteiprogramme und deren Umsetzbarkeit beschäftigt hätte. Wirklich herrlich. Aber eben nur ein Traum. Denn niemand prüft bei den über 18-Jährigen politisches Wissen ab, bevor der Wahlschein ausgehändigt wird.

Und zu glauben, dass die Erfahrung mit der Volljährigkeit jeden Menschen erfüllt wie der Heilige Geist die Jungfrau Maria, zeugt nicht gerade von der viel diskutierten Reife. Was heißt überhaupt »unerfahren«?

Natürlich kann ein 15-Jähriger nie über so viel Lebenserfahrung verfügen wie ein 30-Jähriger, ein 30-Jähriger nicht über so viel wie ein 50-Jähriger und so weiter. Trotzdem verfügt jeder einzelne Mensch über Erfahrung. Der 15-Jährige weiß vielleicht noch nicht, wie sich die Löhne in einer Berufsbranche über Jahrzehnte entwickelt haben, welche Tücken die Rentenversicherung hat oder wie es ist, seine Eltern im Alter zu pflegen. Dafür hat er vielleicht mitbekommen, wie schwer seinen Eltern die Entscheidung gefallen ist, die Großeltern im Heim betreuen zu lassen, er kennt die Bedingungen in der Pflege vielleicht von den Besuchen bei seiner Großmutter. Der 15-Jährige weiß, dass die Zinsen gerade so niedrig sind, dass er sich sein Taschengeld lieber bar auszahlen lässt. Er kennt sich besser mit Möglichkeiten und Risiken des Internets aus als ein 50-Jähriger – und er ist definitiv näher dran am Schul- und Ausbildungssystem, als es all diejenigen sind, die heute schon über ein Wahlrecht verfügen. Jeder Mensch hat einen Erfahrungshorizont. Sie alle in unser politisches System einzubinden sollte unser Ziel sein und nicht etwas, das wir bekämpfen.

Dieses Argument mögen die GegnerInnen des Kinderwahlrechts vielleicht noch mit einem missgünstigen Brummen hinnehmen. Doch insgeheim formulieren sie schon ihr nächstes Aber: Die jungen Leute haben ja gar kein Interesse an Politik und dem, was in unserer Gesellschaft passiert. Wie falsch sie damit liegen!

Sicher, eine gesamte Generation oder Altersgruppe wird nie eindeutig »politisch interessiert« oder »politisch uninteressiert« sein – das haben wir in den letzten Kapiteln gesehen. Es wird immer Personen geben, denen Politik egal ist. Das gilt auch für ältere Generationen – trotzdem dürfen sie wählen. Davon abgesehen, gibt es aber sehr viele Belege dafür, dass Kinder und Jugendliche Interesse am politischen Geschehen haben: Man nehme nur die Hunderttausende von TeilnehmerInnen der Kinder- und Jugendwahlen. Sie imitieren eine Wahl, an der sie nicht teilnehmen dürfen, um zu zeigen, wem sie ihre Stimme geben würden – wenn sie denn dürften. Und auch wenn das für viele nicht dem Idealbild politischer Bildung entspricht: YouTuber wie der 30-jährige LeFloid erreichen mit ihren Videos zum Psychiatriegesetz in Bayern, zum Kopftuchverbot oder zu Mobbing Hunderttausende, manchmal sogar Millionen von ZuschauerInnen ab etwa 14 Jahren.[231]

Und auch bei noch Jüngeren lässt sich ein Interesse für Politik erkennen. So erzählte mir meine Freundin Alex kürzlich, dass sie in einer Grundschulklasse als Betreuerin eine politische Simulation zur Europäischen Union durchgeführt hat. Die SchülerInnen hatten keine Probleme, die Aufgaben der Institutionen zu verstehen, im Gegenteil: Sie hätten sich schnell in ihre Rollen eingefunden, konstruktiv diskutiert und Spaß daran gehabt, sich Ideen auszudenken, zum Beispiel zur Umwelt- und Energiepolitik. Wer sich schon einmal mit Schülerzeitungen – egal ob an Grund- oder weiterführenden Schulen – beschäftigt hat, findet auch dort Beweise dafür, dass Kinder und Jugendliche sich sehr wohl für ihr gesellschaftliches Umfeld interessieren: von Recherchen zur Qualität und Nachhaltigkeit verschiedener Kleidungshersteller über Berichte darüber, was gegen den Klimawandel getan werden kann, bis hin zu Interviews mit LokalpolitikerInnen über Flüchtlingspolitik decken die SchülerInnen die volle Bandbreite an politischen Themen ab.

Das Interesse ist da, jetzt müssen die Jungen nur noch ernst genommen werden. Mit dem Wahlrecht für alle würde das Interesse der Kinder und Jugendlichen vermutlich sogar steigen – denn dann zählt endlich ihre Stimme.

All diese Argumente wiegen schwer genug, um dem Wahlrecht für alle einfach mal eine Chance zu geben. Oder gibt es noch weitere Abers?

Mit anderen Altersgrenzen ist die des Wahlrechts übrigens nicht wirklich zu vergleichen – dienen jene doch meist als Schutz vor schädlichen Einflüssen, wie das Alkohol- oder Rauchverbot, oder sind mit rechtlichen Konsequenzen verbunden. Vor dem Stimmzettel muss aber niemand beschützt werden. Und dass Kinder und Jugendliche leicht beeinflussbar wären – zum Beispiel durch ihre Eltern? Nun, das hat nichts mit dem Alter zu tun. Manche Menschen sind leicht beeinflussbar, andere nicht. Dass Kinder und Jugendliche leichter zu beeinflussen seien als zum Beispiel sehr alte, demente Menschen (die ja bis auf Ausnahmefälle auch wählen gehen dürfen), ist eine Unterstellung – und ein sehr dünnes Argument gegen das Kinderwahlrecht. Übrigens: Direkten Einfluss auf die Wahlentscheidung einer Person zu nehmen ist in der Bundesrepublik strafbar. Denn laut Grundgesetz werden die Abgeordneten des Bundestags – zumindest das lernt man im spärlichen Sozialkundeunterricht hierzulande – in »allgemeiner, unmittelbarer, freier, gleicher und geheimer Wahl« gewählt.

Ein Wahlrecht, das die Stimme der Kinder bis zu ihrer Volljährigkeit den Eltern überträgt, ist daher nicht die Lösung. Das Wahlrecht ist nicht übertragbar. Und das ist auch gut so. Entsprechende Vorschläge einiger ParlamentarierInnen zur Wahlrechtsänderung wurden im Bundestag abgelehnt. BefürworterInnen dieser Variante möchten die Stimmen von Familien stärken – und gehen dabei davon aus, dass Eltern im Sinne ihrer Kinder wählen würden. Letztlich käme dann aber wieder genau das heraus, was Kindern jetzt schon widerfährt: Bevormundung und Fremdbestimmung.

An dieser Stelle kann ich leider nicht von einem Praxis-Musterbeispiel für das Kinderwahlrecht erzählen. Es existiert noch nicht. Aber was spricht denn dagegen, dass die Bundesrepublik als Land mit einer der ältesten Bevölkerungen der Welt hier eine Vorreiterrolle einnimmt? Wir würden nichts verlieren – gewinnen können wir hingegen die Stimmen von Millionen junger WählerInnen.

Gesucht: Persönlichkeit mit Haltung und Zukunftsblick

Spoiler: Es gibt ihn nicht, den einen perfekten Politiker oder die eine perfekte Politikerin. Doch es gibt einige, die trotz – oder gerade wegen – besonderer politischer Krisen in den letzten Jahren viele – nicht nur junge – Menschen begeistern, ja, inspirieren konnten. Darunter Michelle Obama, Emmanuel Macron, die neuseeländische Premierministerin Jacinda Ardern oder ihr kanadischer Amtskollege Justin Trudeau. Sie alle hatten beflügelnde Momente, in denen sie viele Menschen mitreißen oder für ihre Ideen begeistern konnten. Doch nur eine Person hat es geschafft, eine solche Hoffnungsfigur gleich für eine ganze politische Generation zu sein. Die Rede ist von

Bernie Sanders.

Seit 2007 parteiloser Senator des US-Bundesstaats Vermont und für die Präsidentschaftswahl 2016 Kandidat in der Vorwahl der Demokraten: Einen Popstar stellt man sich wahrlich anders vor, doch gefeiert wird er – vor allem von jungen US-AmerikanerInnen – wie ein solcher. Bernie Sanders bezeichnet seine politische Orientierung als »democratic socialism«, fordert die Abschaffung der Studiengebühren, die Erhöhung des Mindestlohns, bessere Kinderbetreuung und eine höhere Besteuerung von Superreichen und Unternehmen.

Um zu zeigen, dass er es ernst meint, finanzierte er seinen Wahlkampf durch Kleinspenden, verzichtete auf Geldspritzen von Konzernen und Banken, um sich nicht abhängig zu machen. Damit war er der einzige Kandidat, der den LobbyistInnen den Rücken kehrte. Auch wenn Sanders längst selbst Teil des politischen Establishments war und ist, kauften ihm seine AnhängerInnen die Prinzipientreue ab. Seine Glaubwürdigkeit hat er in der Vergangenheit bewiesen, zum Beispiel durch eine achteinhalbstündige Filibuster-Rede vor dem US-Senat 2010, mit der er gegen Steuersenkungen für Reiche protestierte.

Der Sozialismus à la Sanders entpuppte sich für viele AmerikanerInnen als Rezept gegen den nicht zu bändigenden Kapitalismus. Plötzlich wuchsen linkspositionierte Gruppierungen wieder und linke Magazine erhöhten ihre Auflage.[233] Doch Sanders selbst steht nicht wirklich für ein System, eher, und das macht ihn für viele so faszinierend, für eine Vision. In der Gesellschaft, die Sanders vorschwebt, sind alle Menschen – egal welcher Herkunft, Religion, welchen Geschlechts und welchen Reichtums – gleich. Eine Welt, mit der sich vor allem viele Millennials identifizieren können.

Bernie Sanders
Jahrgang 1941

»Brothers and sisters, now is not the time for thinking small. [...] We can live in a country where every person no matter their race, their religion, their disability or their sexual orientation realizes the full promise of equality. That is our birthright. [...] When people stand together there is nothing that can't be accomplished.«[232]

Über zwei Millionen unter 30-Jährige stimmten bei den Vorwahlen für die Präsidentschaftswahl für Sanders – mehr als für Hillary Clinton (rund 766 000) und Donald Trump (rund 828 000) zusammen.[234] Am Ende scheiterte Sanders trotzdem. Hillary Clinton wurde die Kandidatin der Demokraten, Trump Präsident der Vereinigten Staaten.

Doch das Entscheidende an Sanders: Er bleibt. Trotz Niederlage. Aus seiner Wahlkampfkampagne ist eine Organisation entstanden: Our Revolution hat mittlerweile mehrere Hundert Ortsgruppen, in denen sich Ehrenamtliche sammeln, um Ideen für ein progressives Land zu erarbeiten.[235] Nur gegen Trump zu sein – das reicht laut Sanders nicht. Er macht weiter, sein Motor: Leidenschaft, nicht Macht. Und viele junge Menschen in den USA tun es ihm gleich. Sie gehen auf die Straße und kämpfen für gleiche Rechte für alle – beim Women's March und bei Black Lives Matter. Der Waffenlobby und denjenigen, die wegschauen, wenn Jugendliche durch Schusswaffen sterben, bieten sie beim March for Our Lives die Stirn.

Die Rechte jedes einzelnen Bürgers und jeder einzelnen Bürgerin wieder in den Fokus nehmen, das ist das gemeinsame Anliegen junger US-AmerikanerInnen heute. Es macht sie zu einer neuen Generation – mit den reaktionären Kräften des Landes als gemeinsamem

Gegner und progressiven, authentischen WortführerInnen wie Bernie Sanders als Idol. Das scheinbar Absurde am Sanders-Phänomen: Der Politiker ist 76 Jahre alt. Die meisten seiner Fans könnten seine EnkelInnen sein.

Gerade das verdeutlicht, dass es beim Thema Generationengerechtigkeit am Ende gar nicht wirklich darum geht, wie viele Lebensjahre wir auf dem Buckel haben – oder eben noch nicht. In unseren Debatten um bessere Bildungschancen, gerechtere Renten, eine tolerante Gesellschaft und eine moderne Arbeitswelt ist es nicht das Alter der Streitparteien, das die Konfliktlinie bildet – sondern das Alter der Ideen. Ein Mensch kann noch so jung sein: Wenn seine Ideen rückwärtsgewandt sind oder den Status quo erhalten, macht ihn das trotzdem alt. Genau wie reifere Menschen jung sein können, wenn sie progressive Ideen für die Zukunft haben – so wie Sanders.

Was Bernie Sanders fordert, sind keine revolutionären, weltfremden Reformen. Seine Forderungen nach einer gerechten Sozialpolitik sowie Freiheit und Gleichheit aller BürgerInnen sind nicht neu. Viele würden seinen Ideen zustimmen, denn sie sind für sie im Grunde selbstverständlich und unterstützenswert. Selbst für einige PolitikerInnen. Der Unterschied: Sanders spricht aus, dass das, was selbstverständlich klingt, leider noch keine Realität ist, und tritt für seine Idee von einer besseren Gesellschaft tatsächlich ein.

In Deutschland ist bisher kein Bernie Sanders in Sicht, hinter dem sich die Jugend versammeln würde. Gemeinsame Gegner haben wir aber genügend: Es sind all die alten Ideen, die sich in unserer Gesellschaft breitgemacht haben. Sei es der Rückzug in starre Staatengemeinschaften, das Festmachen von kultureller Identität anhand von Zehn-Punkte-Plänen, das »Weiter so« in der Sozialpolitik, das Ausschöpfen der natürlichen Ressourcen, das Ignorieren von Problemen in der Gesundheitspolitik, das Ausgrenzen bestimmter Bevölkerungsgruppen in ChefInnenetagen und EntscheiderInnenpositionen. Sei es das Ignorieren des Klimawandels, das Verweigern der Digitalisierung, die Vernachlässigung des Bildungssystems oder das Festhalten an verkrusteten Strukturen, weil es »immer schon so war«. Wir sind mit vielen alten Ideen konfrontiert, gegen die es sich lohnt, sich zusammenzutun.

Ein Politikwechsel muss her – weg von veralteten Strukturen, grauen Köpfen und der Verwaltung des Gestern, hin zu innovativen Ideen, Teilhabe aller Altersgruppen und der Gestaltung einer Zukunft, in der wir alle gerne leben möchten. Für das alte Establishment in Deutschland ist es Zeit, Platz zu machen – für uns, den Nachwuchs!

Epilog

Was wäre, wenn

wir statt eines dicken Rentenpakets ein Bildungspaket geschnürt hätten?

Milliarden Euro fließen endlich dahin, wo sie einen Unterschied machen, holen Kinder aus der Armut statt fitte, gut situierte SeniorInnen in die Rente. Dann gibt es überall Schulgebäude, in denen man guten Gewissens die Toiletten benutzen kann, die SchülerInnen in kleinen Klassen unterrichtet werden – durchmischt mit Kindern und Jugendlichen aus verschiedenen Milieus und Kulturkreisen. Wilhelm Nikolaus geht dann mit Yusuf, Aida und Smilla in die Ergänzungsklasse Physik, um den Lernstoff zu wiederholen, den er nicht so gut verstanden hat. Danach besuchen die SchülerInnen den Fortgeschrittenenkurs politische Bildung und arbeiten in der Projektgruppe Unternehmensgründung. Jedes Kind wird nach seinen Talenten gefördert. Für private Probleme mit der Familie oder den MitschülerInnen stehen den Kindern PädagogInnen zur Seite, die nicht gleichzeitig die KlassenlehrerInnen sind. Stattdessen sind sie ausschließlich dafür da, den SchülerInnen zu helfen, in ihrem sozialen Umfeld zurechtzukommen. An den Schulen in der Bundesrepublik schaffen alle ihren Abschluss. Schon ab der Mittelstufe gibt es ein Wahlfach Berufsorientierung, damit die SchülerInnen rechtzeitig wissen, in welchen Fachbereichen sie sich mehr engagieren wollen, um ihrem Berufswunsch näher zu kommen. Nach dem Unterricht treffen sich alle SchülerInnen, die möchten, im Schulparlament, um darüber abzustimmen, welche Wahlfächer im nächsten Schuljahr angeboten werden und mit welchen Organisationen bald gemeinsame Projekte geplant werden sollen. Außerdem werden die Mensapläne für die nächsten Monate besprochen – jede Woche ist das Essen aus einer anderen Weltregion dran. Obwohl er in einer Großstadt lebt, ist Wilhelm Nikolaus über den Fahrradschnellweg in weniger als zehn Minuten zu Hause, ohne mehr als einmal eine Hauptstraße überqueren zu müssen. Zu Hause videochattet er mit seiner Freundin Mia. Die hat in ihrem kleinen Dorf in Mecklenburg-Vorpommern jetzt nämlich auch schnelles Internet und erzählt von ihrem Forschungsseminar Windenergie, über das sie am Abend mit der 28-jährigen Umweltministerin in einer Online-Polittalkshow diskutieren wird.

Was wäre, wenn

wir statt eines Heimatministeriums ein Toleranzministerium geschaffen hätten?

Dann müssen sich nicht Hunderte vor jüdischen Gemeindehäusern versammeln, um für Religionsfreiheit zu demonstrieren, sondern können dort gemeinsam, in Frieden und ohne Polizeischutz ein Schabbat-Dinner zelebrieren. Dann kann bei Straftaten über das Motiv des Täters statt über seine Herkunft diskutiert werden. Schon in der Schule kann statt getrennten Religionsunterrichts ein gemeinsamer stattfinden, in dem man die Werte und Glaubenssysteme verschiedener Religionen kennenlernt, mit Gläubigen spricht, ihre Gebetshäuser besucht.

In Behörden hängen Regenbogenfahnen statt Kreuzen, bei Bewerbungen um Jobs, Wohnungen und Kredite spielen Fähigkeiten, Empfehlungen und Gutachten eine Rolle – statt des Nachnamens, der Hautfarbe oder des Akzents. Menschen, die sich in den sozialen Netzwerken offen und tolerant gegenüber Minderheiten äußern, ernten dann keine Shitstorms, sondern Interesse an ihrer Position und Einladungen zum Dialog. Mädchen und junge Frauen werden nicht gedisst, weil sie laut Castingshow »curvy« oder »plus size« sind, und auf der Straße halten sich Männer, Frauen und Transgender gegenseitig an den Händen und tragen dabei Kippa, Kopftuch oder Turban.

Was wäre, wenn

wir statt Banken das Klima gerettet hätten?

Dann kommen nicht die Sparer für die dreckigen Deals der Banker auf, sondern die gierigen Finanzhaie selbst. Die Cayman Islands sind nicht als Steuer-, sondern als Natur- und Umweltschutzparadies bekannt, wo es statt einer Tourismus- eine Plastiksteuer gibt. Für Einheimische und BesucherInnen gibt es Reinigungseinsätze am Strand – Müll wird seitdem viel weniger in die Meere gespült, das Konzept hat sich auch an anderen Küstenorten verbreitet. Gleichzeitig sind Milliarden in Technologien zur Säuberung der Meere von bestehendem Plastikmüll geflossen. Damit konnte verhindert werden, dass weitere Korallenriffe zerstört und Tiere mit Plastik vollgepumpt werden.

In der Bundesrepublik sind fast alle Supermärkte verpackungsfrei, Einwegplastikbecher wurden abgeschafft. In den Städten sind Hochhausdächer begrünt, mit Blumenwiesen für Honigbienen. Der öffentliche Nahverkehr ist jetzt kostenlos und Fahrradschnellwege sorgen für sicheres und schnelles Vorankommen – private Pkws werden in der Stadt kaum noch genutzt, die Zahl der Herz-Kreislauf- und Asthmaerkrankungen ist dadurch fast um die Hälfte gesunken.

Eigenheimbesitzer versorgen sich und ihre NachbarInnen mit Solarenergie, bauen durch Vertical Gardening ihr Gemüse selbst an. Pestizide und Massentierhaltung gibt es nicht mehr. Dadurch ist zwar das Fleisch teurer geworden, aber auch der CO_2-Ausstoß geringer – und der Konsum gesünder.

Was wäre, wenn

wir statt Automobilunternehmen Altenheime, Krankenhäuser und Kitas subventioniert hätten?

Krankenhäuser sind wieder Orte, an denen PatientInnen von Beschwerden befreit werden, statt sich durch Krankenhauskeime neue einzufangen. Beruhigt kann sich Oma Ilse Neumann einer Hüft-OP unterziehen. Mit dem neuen Versicherungssystem bekommt jeder eine gute Versorgung, die Behandlung wird deshalb genau auf ihren Bedarf angepasst. Im Krankenhaus kümmert sich bei Fragen und

Beschwerden sofort ein Pfleger oder eine Pflegerin um Oma Ilse. Seit der Lohnoffensive und der Erhöhung des Personalschlüssels in der Pflege ist der Beruf wieder attraktiv geworden, der Bedarf wird gedeckt – ohne Doppelschichten und Überstunden.

Nach der Entlassung aus dem Krankenhaus muss Oma Ilse noch einige Wochen betreut werden, doch die Familie ihres Sohnes Peter bekommt gerade Nachwuchs und kann sich zu Hause nicht um sie kümmern. Gut, dass es in Lenis Kita für solche Situationen Kurzzeitbetreuungsplätze gibt: Die Enkelin besucht eine Betreuungsstätte, in der SeniorInnen und Kinder gemeinsam den Tag verbringen. Jetzt kann Leni stundenlang mit ihrer Oma spielen und lesen, Oma Ilse langweilt sich nicht in einer Pflegeheimgruppe und wird in der gemischten Betreuungsgruppe gut versorgt.

Gleichzeitig können sich Lenis Eltern auf die Geburt des Babys vorbereiten – zusammen mit der Hebamme, die in der Nähe wohnt, denn jeder Bezirk hat eine vorgeschriebene Zahl an Hebammen und GeburtshelferInnen, und die Versicherungsbeiträge wurden für sie deutlich reduziert. Einen Entbindungsplatz zu finden war für Familie Neumann kein Problem. Beim letzten Gesundheitspaket wurde der Bedarf an Einrichtungen für jede Region ermittelt und angepasst. Wenn es mit den Wehen losgeht, können die Neumanns sich per App beim Krankenhaus ankündigen, bevor sie losfahren, damit sich das Personal vor Ort schon auf die Patientin einstellen kann. Um einen Betreuungsplatz für das Baby müssen sich die Neumanns erst kümmern, wenn sie entschieden haben, ab wann sie wieder arbeiten möchten und wie viel. Ihre Wünsche schicken sie in einem Online-Formular an den Bezirk, der ihnen dann Vorschläge für Kitas schickt, die zu ihren Lebensumständen wie der Kombination aus Kleinkind- und SeniorInnenbetreuung passen. Mithilfe einer neuen Software kann der Bedarf an Betreuungs- und Pflegeplätzen für ganze Bundesländer mittlerweile weit im Voraus errechnet werden – die Landkreise und Bezirke passen ihre Angebote dann an die Bedürfnisse der BürgerInnen an. Soziale Dienstleistungen stehen in der Bundesrepublik an erster Stelle.

Die Fabrikjobs, die durch die Pleiten der Automobilhersteller verloren gegangen sind, vermisst keiner mehr, denn es gibt nun ein Grundeinkommen für alle, und wie sich herausstellte, ist eine Gesellschaft, die das Soziale in den Mittelpunkt stellt, gleichzeitig innovativer. Ihre Angehörigen würdevoll betreut zu wissen ist den Menschen mehr wert als ein schicker Neuwagen.

Was wäre, wenn

wir heute eine generationengerechte Politik für die Zukunft machen würden, statt das Gestern zu verwalten?

Die Gesellschaft kann eine bessere sein – für junge, alte und zukünftige Generationen.

Danke ...

... an meine ErstleserInnen und DauermotivatorInnen Alex, Alex, Laura und Mama;

... an meine wundervollen GesprächspartnerInnen: Katja Sinko, Silvan Wagenknecht, Paula Schwarz, Yannick Haan, Terry Reintke, Roman Müller-Böhm, Prof. Dr. Klaus Hurrelmann, Fränzi Kühne, Paulina Fröhlich, Manuela Conte, Anna Braam, Daniel Zimmermann, Felix Finkbeiner, Milena Glimbovski, Annette von Wedel, Géraldine Weilandt, Katrin Albsteiger, Natalya Nepomnyashcha, Florentine Hopmeier, Anne Kjær Riechert, Franzi, Maria, Alex, Tyler, Ben, Daniel, Torben, Constance, Alex und viele andere: Keep changing the world <3;

... an alle FreundInnen und meine Familie, deren Erfahrungen mich motiviert haben, dieses Buch zu schreiben, und Einzug in das ein oder andere Kapitel gehalten haben;

... an Wolfgang Gründinger für die Unterstützung und Motivation im gemeinsamen Kampf für Generationengerechtigkeit;

... an Guillaume Vaslin-Reimann, ohne den es die Kolumne »Die Jugend von heute« nicht gegeben hätte;

... an Meike Fuhlrott, die ermöglicht hat, dass mein erster Text über Generationengerechtigkeit veröffentlicht wurde;

... an die Stiftung für die Rechte zukünftiger Generationen, die tolle, motivierte Menschen zusammenbringt – mit großartigen Ideen für eine bessere Zukunft;

... an meinen Verlag und meine Lektoren Waltraud Berz und Artur Senger;

… an meine Agentin Imke für ihre Begeisterung für meine Idee und das gemeinsame Weiterentwickeln;

… an Michael und Constance für die inspirierende Unterstützung bei der Titel-Suche;

… an Lucy, Julia, Nils, Felix und alle anderen, die immer wieder nachgefragt und moralische Unterstützung angeboten haben – von der ersten Idee bis zum letzten Zeichen;

… an alle, die Kinder und Jugendliche ernst nehmen – egal wie alt sie selbst sind.

Anmerkungen

1. »Weiblicher und jünger«, Hamberger, Katharina/Schmidt-Mattern, Barbara, erschienen bei Deutschlandfunk, 13.3.2018.
2. http://www.bildungswissenschaftler.de/5000-jahre-kritik-an-jugendlichen-eine-sichere-konstante-in-der-gesellschaft-und-arbeitswelt/, abgerufen am 24.3.2018.
3. 1955 bis 1970. »Babyboomer« bezieht sich auf die Generation besonders starker Geburtsjahrgänge. 1964 zum Beispiel wurden in der Bundesrepublik so viele Kinder geboren wie nie zuvor – oder danach.
4. 1970 bis 1985. *Generation Golf* ist der Titel eines Buchs von Florian Illies. Mit »Golf« ist das Auto gemeint, das wiederum den selbstverständlichen Markenkonsum der jungen Leute zu dieser Zeit repräsentiert.
5. »World Population Ageing«, United Nations, Department of Economic and Social Affairs, Population Division, New York 2017.
6. »Entwicklung der Lebenserwartung bei Geburt in Deutschland nach Geschlecht in den Jahren von 1950 bis 2060«, Statista, https://de.statista.com/statistik/daten/studie/273406/umfrage/entwicklung-der-lebenserwartung-bei-geburt-in-deutschland-nach-geschlecht, abgerufen am 24.3.2018.
7. »Geburten in Deutschland«, Statistisches Bundesamt, Wiesbaden 2007.
8. »Bevölkerung und Wohnen«, Stadt Freiburg im Breisgau, freiburg.de/pb/,Lde/207904.html, abgerufen am 26.1.2018.
9. »Durchschnittsalter in den Bundesländern 2015«, Statistisches Bundesamt, 2017.
10. »Deutschland altert unterschiedlich«, Bundesinstitut für Bau-, Stadt- und Raumforschung, 22.5.2017.
11. »Junge Menschen flüchten aus der Großstadt«, Rödder, Tasnim, https://ze.tt/bye-bye-ich-zieh-aufs-land-junge-menschen-fluechten-aus-der-grossstadt/, abgerufen am 25.1.2018.
12. Ebd.
13. Berechnungen basierend auf Daten des Sekretariats der Ständigen Konferenz der Kultusminister der Länder in der Bundesrepublik Deutschland

vom März 2018,https://www.kmk.org/fileadmin/Dateien/pdf/PresseUnd Aktuelles/2018/Kultusminister_Sammeladressen_2018_03_29.pdf.

14. Tabelle »Betreuungsquoten der Kinder unter 6 Jahren in Kindertagesbetreuung am 1.3.2017 nach Ländern«, Statistisches Bundesamt, abgerufen am 19.2.2018.

15. »Lebenslagen in Deutschland«, Fünfter Armuts- und Reichtumsbericht der Bundesregierung.

16. Stand: 7.2.2018. Berechnungen auf Grundlage der Tabelle »Allgemeine Schulausbildung« des Statistischen Bundesamts.

17. »Die wirtschaftliche und soziale Lage der Studierenden in Deutschland 2016«, Bundesministerium für Bildung und Forschung, Juli 2017.

18. *Verteilungskampf*, Fratzscher, Marcel, München 2016, S. 95.

19. *Lesekompetenzen von Grundschulkindern in Deutschland im internationalen Vergleich*, IGLU 2016, Münster/New York 2017.

20. »Eine Kultur der Missachtung der politischen Bildung«, Interview mit Reinhold Hedtke, Böddeker, Michael, Deutschlandfunk, 1.2.2018.

21. »Neues Fach: An Berliner Schulen wird es wieder politisch«, Klesmann, Martin, erschienen in der *Berliner Zeitung*, 24.1.2018.

22. »Es soll eine Empfehlung zu Demokratiebildung auf den Tisch«, Interview mit Helmut Holter, Götzke, Manfred, Deutschlandfunk, 21.2.2018.

23. *PISA 2000, Zusammenfassung zentraler Befunde*, Max-Planck-Institut für Bildungsforschung, Berlin 2001.

24. »Das G8 kommt – ganz schnell«, Burtscheidt, Christine, erschienen auf *sueddeutsche.de*, 10.5.2010.

25. »Bayerische Turbo-Abiturienten scheitern am häufigsten«, Lill, Tobias, erschienen auf *Spiegel Online*, 21.6.2013.

26. »So ungerecht sind die Abi-Noten im Bundesvergleich«, Höver, Peter, erschienen bei *shz.de*, 28.7.2016.

27. McDonald's Ausbildungsstudie, München 2015, S. 37.

28. »Die Schulen fit machen fürs 21. Jahrhundert«, Interview mit Claudia Bogedan, Dichmann, Markus, Deutschlandfunk, 8.12.2016.

29. »Die Fünf-Milliarden-Euro-Frage«, Becker, Kristin, erschienen auf *Tagesschau.de*, 7.9.2017,http://faktenfinder.tagesschau.de/digitalpakt-101.html.

30. »Pisa 2015: Ergebnisse im Fokus«, OECD, 2016, http://www.oecd.org/berlin/themen/pisa-studie/PISA_2015_Zusammenfassung.pdf.

31. »Lebenslagen in Deutschland«, Fünfter Armuts- und Reichtumsbericht der Bundesregierung.

32. *Die Abstiegsgesellschaft: Über das Aufbegehren in der regressiven Moderne*, Nachtwey, Oliver, Berlin 2016.

33. »Alles easy – oder?«, Interview mit Oliver Nachtwey, Prenzel, Niklas, erschienen auf *fluter.de*, 7.2.2018.

34. »Armutsmuster in Kindheit und Jugend. Längsschnittbetrachtungen von Kinderarmut«, Bertelsmann Stiftung und Institut für Arbeitsmarkt- und

Berufsforschung, Tophoven, Silke/Lietzmann, Torsten/Reiter, Sabrina/Wenzig, Claudia, 2017.

35. »Private Haushalte – Einkommen, Ausgaben, Ausstattung. Auszug aus dem Datenreport 2016«, Statistisches Bundesamt 2016.

36. »Kinderarmut ist in Deutschland oft ein Dauerzustand«, Bertelsmann Stiftung, erschienen auf www.bertelsmann-stiftung.de, 23.10.2017.

37. »Bildungsstand«, Statistisches Bundesamt, 2018.

38. »Studienanfänger/-innen«, Statistisches Bundesamt, 2018.

39. »Auszubildende nach Ausbildungsberufen 2016«, Statistisches Bundesamt, 2018.

40. »Jugendarbeitslosenquote (15 bis unter 25 Jahre) in Deutschland nach Bundesländern im Februar 2016«, Statista.

41. »Kein Dach über dem Kopf«, Deutsches Jugendinstitut, 24.3.2017.

42. »Armutsrisiko nach Altersgruppen«, in *DIW Wochenbericht* 4/2017, Deutsches Institut für Wirtschaftsforschung, 2017.

43. »Arbeitsqualität aus der Sicht von jungen Beschäftigten. 6. Sonderauswertung zum DGB-Index Gute Arbeit«, Deutscher Gewerkschaftsbund, 2015.

44. *Das gespaltene Land*, Hagelüken, Alexander, München 2017, S. 79.

45. »Mindestlöhne: Was ändert sich ab 2018?«, Deutscher Gewerkschaftsbund, 2017.

46. »Arbeitslosenquote in Deutschland im Jahresdurchschnitt von 1996 bis 2018«, Statista, aufgerufen am 1.3.2018.

47. »Befristete Beschäftigung: Junge Arbeitnehmer besonders betroffen, deutlich erhöhtes Armutsrisiko und seltener Kinder«, Hans-Böckler-Stiftung, 8.12.2016.

48. Ebd.

49. »Arbeitsqualität aus der Sicht von jungen Beschäftigten. 6. Sonderauswertung zum DGB-Index Gute Arbeit«, Deutscher Gewerkschaftsbund, 2015.

50. Twitter.de/petertauber, 3.7.2017.

51. »Minijobs – Sackgasse für qualifizierte Arbeitskräfte«, erschienen in *DGB – arbeitsmarkt aktuell* 09/2015.

52. »Wer jung ist, wird nur noch befristet angestellt – stimmt das?«, Greiner, Lena/Köppe, Julia, erschienen auf *Spiegel Online*, 2.9.2017.

53. 21. Sozialerhebung des Deutschen Studentenwerks.

54. Ebd.

55. »Entschlossen unentschlossen. Azubis im Land der (zu vielen) Möglichkeiten«, McDonald's Ausbildungsstudie 2015.

56. 21. Sozialerhebung des Deutschen Studentenwerks.

57. »Praktikum und Mindestlohn. Der Faktencheck«, DGB-Bundesvorstand, Berlin 2016.

58. »Praktikant in Brüssel? Selbst schuld«, Janssen, Annika, erschienen auf *faz.net*, 15.2.2018.

59. »Gut sechs von zehn jungen Erwachsenen leben noch bei den Eltern«, Statistisches Bundesamt, 22.11.2016.

60. »Mehr als ein Drittel der Haushalte in Deutschland sind Singlehaushalte«, Statistisches Bundesamt, 28.5.2014.

61. »Durchschnittliches Alter der Mutter bei der Geburt des Kindes 2015«, Statistisches Bundesamt, Stand: Februar 2018.

62. »Durchschnittsalter der Frauen bei der Geburt des ersten Kindes 1965–2015«, www.sozialpolitik-aktuell.de, Institut Arbeit und Qualifikation, Universität Duisburg-Essen.

63. »Die Kinder der Krise«, Kaufmann, Stephan, erschienen in *Frankfurter Rundschau*, 1.7.2017.

64. »Erben in Deutschland 2015–24. Volumen, Verteilung und Verwendung«, Deutsches Institut für Altersvorsorge, 2015.

65. »Generation Y: Jung und unbeschwert?«, Ustorf, Anne-Ev, erschienen in *Psychologie Heute*, 1.9.2017

66. Ebd.

67. »Jeder vierte junge Mensch hat psychische Probleme«, Mihm, Andreas, veröffentlicht in *faz.net*, 22.2.2108

68. »Generation Ego: Jugendliche denken nur an sich selbst«, *rtl.de*, 26.5.2012.

69. »Die Jungen sind selber schuld«, Kühn, Oliver, erschienen bei *faz.net*, 26.6.2016.

70. »Unsicher, ziellos, wenig belastbar«: Eine Abrechnung mit der Generation Y«, Matthes, Sebastian, erschienen bei *huffingtonpost.de*, 17.6.2015.

71. »Und ausgerechnet ihr bleibt still!«, Shaller, Caspar, erschienen in *Die Zeit*, 14.9.2017

72. »Wahlbeteiligung nach Geschlecht und Altersgruppen seit 2002«, in *Wahl zum 19. Deutschen Bundestag am 24. September 2017*, Statistisches Bundesamt, Informationen des Bundeswahlleiters, Januar 2018.

73. »Warum diese Menschen nicht wählen gehen«, *sueddeutsche.de*, 20.8.2017.

74. »Wählen macht keinen Sinn«, Jacobs, Luisa, erschienen bei *Zeit Campus*, 12.7.2017.

75. Ebd.

76. »Piratenpartei Deutschland«, Hebenstreit, Jörg, erschienen in *Dossier Parteien in Deutschland*, Bundeszentrale für politische Bildung, 5.6.2017.

77. »Altersstruktur«, wiki.piratenpartei.de, Stand: 7.5.2013.

78. »Als Sozi bei den Piraten«, Gründinger, Wolfgang, erschienen in *Die Zeit*, 15.2.2013.

79. »#Aufschrei führt zu Twitter-Rekord«, *Spiegel Online*, 8.2.2013.

80. »#Aufschrei hat definitiv etwas gebracht«, Interview mit Laura Himmelreich, *Spiegel Online*, 20.10.2017.

81. @SPIEGEL_EIL, Twitter, 23.6.2016.

82. »EU Referendum Results«, *BBC News*, abgerufen am 14.3.2018.

83. »Junge Briten stimmten seltener ab«, Jakat, Lena, erschienen bei *jetzt.de*, 26.6.2016.

84. »EU referendum: youth turnout almost twice as high as first thought«, Helm, Toby, erschienen in *The Guardian*, 10.7.2016.

85. »Warum habt ihr nicht gewählt?«, Werner, Friederike, erschienen bei *Zeit Campus*, 16.7.2016.

86. »Donald Trump wird US-Präsident«, *Zeit Online*, 9.11.2016.

87. »Ergebnis der US-Wahl im Jahr 2016 nach Anzahl der gewonnenen Wahlmänner«, Statista, 2018.

88. »Jung wählt Clinton, Alt wählt Trump«, *Spiegel Online*, 9.11.2016.

89. »Here's what the Electoral College map would look like if only millennials voted«, Katz, Celeste, erscheinen bei *mic.com*, 25.10.2016.

90. »Versteht unsere Lage als Warnung für die Bundestagswahl«; jetzt-Redaktion, erschienen bei *jetzt.de*, 14.11.2016.

91. Ebd.

92. »Wie denken Trump-Unterstützer über ihren Präsidenten?«, Müller, Lara, erschienen bei *bento.de*, 21.02.2017.

93. Ebd.

94. »Voting Turnout Statistics«, Statistic Brain, abgerufen am 16.3.2018.

95. »Wie denken Trump-Unterstützer über ihren Präsidenten?«, Müller, Lara, erschienen bei *bento.de*, 21.02.2017.

96. »Bernie Sanders: Nichts kann uns stoppen!«, Seibel, Patric, erschienen bei NDR Info, 10.7.2017.

97. »When Millennials Rule«, Alter, Charlotte, erschienen in *Time Magazine*, 23.10.2017.

98. »Rutte feiert, Wilders auf Rang zwei«, Dobbert, Federl, Klormann, Kohrs, Breitinger, Müller/Steffen, Fabian, Sybille, Camilla, Matthias, Tobias, a.a.O.

99. »War der Wilders-Hype übertrieben?«, Pieper, Malte, erschienen bei *tagesschau.de*, 20.3.2017.

100. »Macron gewinnt Präsidentschaftswahl gegen Le Pen«, erschienen bei *Spiegel Online*, 7.5.2017.

101. »Keine Kleinigkeit«, Bouchet-Petersen, Jonathan, erschienen bei *taz.de*, 7.5.2017.

102. »Union verliert deutlich, SPD schwach wie nie, AfD auf Platz drei«, *Spiegel Online*, 24.9.2017.

103. Bundestagswahl 2017: Endgültiges Ergebnis, Bundeswahlleiter, 12.10.2017.

104. »AfD wird in Sachsen stärkste Kraft«, *Zeit Online*, 25.9.2017.

105. Sitzverteilung im 19. Deutschen Bundestag, Deutscher Bundestag, Stand: Oktober 2017.

106. »Umfrage Wähler nach Altersgruppen«, tagesschau.de/Infratest dimap ((Link existiert nicht)).

107. »Weltoffenheit ist mir sehr wichtig«, Piotrowski, Judith Magdalena/ Johannsen, Katarina, erschienen bei *Zeit Campus*, 31.10.2017.

108. Ebd.

109. »Die EU will 30 000 Interrail-Tickets verschenken«, *jetzt.de*, 2.3.2018.

110. »EU plant 700 Millionen Euro für kostenlose Interrail-Tickets«, erschienen bei *zeit.de*, 2.5.2018.

111. Twitter.com/HerrUndSpeer, 1.3.2018.

112. Pressemitteilung Bundesministerium des Innern, für Bau und Heimat, 30.9.2016.

113. Auszug aus der Rede von Mareike Geiling beim »Act-for-Impact«-Finale in München 2017, fluechtlinge-willkommen.tumblr.com.

114. »Ihr Idioten werdet hoffentlich bald hängen«, Reichert, Juliane, *jetzt.de*, 21.3.2016.

115. »Mehr als 700 Menschen ertrinken im Mittelmeer«, *Zeit Online*, 19.4.2015.

116. »Nicht hinnehmbar, dass Menschen ertrinken«, Schumacher, Thomas, erschienen bei *taz.de*, 3.7.2016.

117. jugendrettet.org/de/#team.

118. Ebd.

119. *Für die Zukunft seh' ich schwarz*, Kinnert, Diana, Reinbek 2017, S. 43 ff.

120. »Bundestagswahl 2017: 61,5 Millionen Wahlberechtigte«, Pressemitteilung Nr. 01/17 vom 3. Februar 2017, Bundeswahlleiter.

121. »Durchschnittsalter der Mitglieder der politischen Parteien in Deutschland am 31. Dezember 2016«, Statista, abgerufen am 26.3.2018.

122. Datenhandbuch Deutscher Bundestag, Kapitel 3.1 Altersgliederung, 28.2.2018.

123. »Bundestag veröffentlicht Lobbyisten-Kiste«, *Zeit Online*, 30.11.2015.

124. »LobbyFacts: Die größten deutschen Lobbyakteure in Brüssel«, Lobbycontrol, 30.9.2014.

125. »Bevölkerung Deutschlands nach Alter, Migrationshintergrund und eigener Migrationserfahrung«, Statistisches Bundesamt, abgerufen am 26.3.2018.

126. »Bevölkerungsentwicklung und Altersstruktur«, Bundeszentrale für politische Bildung, 27.12.2015.

127. Pressekonferenz »Repräsentative Wahlstatistik zur Bundestagswahl 2017«, Bundeswahlleiter, Berlin, 26.1.2018.

128. »Denken Sie, dass Ihre Generation in der Politik ausreichend repräsentiert wird?«, Civey, 14.1.–7.2.2018.

129. »Umfragen Wähler nach Altersgruppen«, wahl.tagesschau.de, abgerufen am 28.3.2018.

130. »Ergebnisse der Juniorwahl«, *Spiegel Online*, 25.9.2017.

131. »Das denken Teenager heute«, Klovert, Heike/Kaufmann, Matthias, erschienen bei *Spiegel Online*, 26.4.2016.

132. »Kein Wunder, dass viele abschalten«, Gaus, Bettina, erschienen bei *taz.de*, 4.9.2017.

133. »Wieder mehr Jüngere in Parteien aktiv«, Spanhel, Hanna, erschienen bei *stuttgarter-zeitung.de*, 11.09.2017.

134. Ebd.

135. »Der Trump-Schock hat mich in die SPD gebracht«, Riemann, Jasper, erschienen bei *Zeit Campus*, 2.12.2016.

136. Ebd.

137. *Für die Zukunft seh' ich schwarz*, a. a. O., S. 47 ff.

138. Bundestagswahl 2017, Nordrhein-Westfalen, Bundeswahlleiter.

139. *Für die Zukunft seh' ich schwarz*, a. a. O., S. 9.

140. »Durchschnittsalter der Mitglieder der politischen Parteien in Deutschland am 31. Dezember 2016«, Statista, 30.3.2018.

141. Stand: 1.3.2017. European Parliamentary Research Service Blog, epthinktank.eu, abgerufen am 30.3.2018.

142. »Who sits in the European Parliament? Age & gender«, On Our Watch, onourwatch.eu, 10.11.2017, abgerufen am 30.3.2018.

143. Stand, 1.3.2017, European Parliamentary Research Service Blog, epthinktank.eu, abgerufen am 30.3.2018.

144. »Jetzt sind wir dran!«, Haan, Yannick/Kinnert, Diana/Reintke, Terry/Schröder, Ria/Spier, Shaked, erschienen in *Die Zeit* Nr. 08/2018.

145. »SPD-Mitglieder stimmen für Große Koalition«, erschienen bei *Spiegel Online*, 4.3.2018.

146. »Diese 5 Situationen zeigen, wie Politiker mit Menschen unter 30 umgehen«, Lüdke, Steffen, erschienen bei *bento.de*, 19.1.2018.

147. »Jung in der Politik – also nicht ernst zu nehmen?«, Heimbach, Tobias, erschienen bei *welt.de*, 25.1.2018.

148. »Kanzler Kurz: Wunderknabe oder politischer Scharfmacher?«, *Maischberger*, Sendung vom 18.1.2018.

149. www.jens-spahn.de/profil, abgerufen am 31.3.2018.

150. »Der junge Gebrauchte«, Sirleschtov, Antje, erschienen bei *tagesspiegel.de*, 13.2.2018.

151. »Die junge CDU scharrt mit den Hufen«, Hamberger, Katharina/Brandau, Bastian, Deutschlandfunk, 7.12.2017.

152. »Der Mini-Seehofer«, Maier, Anja, erschienen bei *taz.de*, 6.12.2016.

153. annalena-baerbock.de/servicepresse/cvfoto, abgerufen am 31.3.2018.

154. schleswig-holstein.de/DE/Landesregierung/V/Minister/Minister.html, abgerufen am 31.3.2018.

155. »Das erste grüne Prinzenpaar«, Leithäuser, Johannes, erschienen bei *faz.net*, 27.1.2018.

156. »An Habeck führt nur ein Weg vorbei«, Ehrich, Issio, erschienen bei *ntv.de*, 26.1.2018.

157. »Der grüne It-Boy Habeck trifft auf seine Konkurrentinnen«, Exner, Ulrich, erschienen bei *welt.de*, 23.1.2018.

158. »Kevin Kühnert: Scheitern muss eine Option sein«, Fiedler, Maria, erschienen bei *tagesspiegel.de*, 25.1.2018.

159. jusos.de, abgerufen am 31.3.2018.

160. spd-landesgruppe-bayern.de, abgerufen am 31.3.2018.

161. »Generationenwechsel verpennt: Wieso haben junge Politiker so schlechte Chancen auf den Bundestag?«, Altmeier, Lisa/Fetz, Steffi, erschienen bei *crowdspondent.de*, 27.9.2017.

162. »Zwei Drittel gehen auch krank zur Arbeit«, Deutscher Gewerkschaftsbund, erschienen bei dgb.de, 15.2.2018.

163. »Durchschnittsalter von Führungskräften in Deutschland nach Bundesländern im Jahr 2016«, Statista, abgerufen am 1.4.2018.

164. »Führungspositionen in Deutschland«, Bürgel Wirtschaftsinformationen, 2015.

165. »Warum Firmen auf Jobsharing setzen«, Hofmann, Madeleine, erschienen bei *capital.de*, 31.3.2017.

166. Ebd.

167. jule-specht.de/about, abgerufen am 21.4.2018.

168. »Junge Professoren fordern Abschaffung der Lehrstühle«, Haug, Kristin, erschienen bei *Spiegel Online*, 20.4.2018.

169. jugend.dgb.de, abgerufen am 2.4.2018.

170. dgb.de, abgerufen am 2.4.2018.

171. »Alte Gewerkschaften«, Länderauswahl, Institut der deutschen Wirtschaft Köln, 2017, abgerufen am 2.4.2018.

172. Name geändert.

173. »Das machen die mächtigsten Manager und Politiker der Welt in Davos«, Dörnfelder, Andreas, erschienen bei *handelsblatt.com*, 23.1.2018.

174. Umfrage zum Thema »Gründerkultur«, e.ventures, Januar/Februar 2017.

175. »European Startup Monitor«, German Startups Association, 2015.

176. »Die Gründermetropole: Erwachsen, kein Kindergarten«, Keup, Thomas, erschienen bei *gründermetropole-berlin.de*, 2.6.2015.

177. »Wie es sich anfühlt mit Anfang 20 Start-up-Millionär zu sein«, Jauernig, Henning, erschienen bei *bento.de*, 22.10.2017.

178. »Man hat als Chefin nie alles unter Kontrolle«, Hofmann, Madeleine, erschienen bei *capital.de*, 19.10.2017.

179. freenet-group.de, abgerufen am 6.4.2018.

180. »Aufsichtsräte deutscher Großunternehmen«, Board Academy, München 2011.

181. Ebd.

182. *Für die Zukunft seh' ich schwarz*, a. a. O., S. 65f.

183. kleinerfuenf.de/de/unser-team, abgerufen am 8.4.2018.

184. gruene-nrw.de/partei, abgerufen am 8.4.2018.

185. kandidatencheck.wdr.de, abgerufen am 8.4.2018.

186. bewegung.jetzt/partei/transparenz, abgerufen am 8.4.2018.

187. bundeswahlleiter.de/bundestagswahlen/2017/ergebnisse, abgerufen am 8.4.2018.

188. »Dreadlocks and poets herald new face of Spanish parliament«, Berwick, Angus, erschienen bei *reuters.com*, 21.1.2016.

189. podemos.info, abgerufen am 9.4.2018.

190. »Wenn aus Protest Partei wird«, Kellner, Hans-Günter, erschienen im Deutschlandfunk, 12.3.2018.

191. »Macron will Le Pen mit Reformprogramm schlagen«, erschienen bei *faz.net*, 2.3.2017.

192. »Macron gewinnt klar gegen Le Pen«, erschienen bei *zeit.de*, 7.5.2017.

193. »Vielfalt dank Konturlosigkeit«, ORF, erschienen am 24.4.2017.

194. en-marche.fr, abgerufen am 10.4.2018.

195. »Warum wird aus En Marche eine Partei?«, Hanimann, Joseph, erschienen bei *sueddeutsche.de*, 12.5.2017.

196. »Voilà, die Neuen«, Gieffers, Hanna, erschienen bei *zeit.de*, 11.4.2018.

197. »En Marche! Auf dem steinigen Weg zur Partei«, Derschau, Verena, erschienen bei zdf.de, 18.11.2017.

198. »Jung, radikal, liberal«, Gasser, Florian, erschienen bei *zeit.de*, 21.10.2013.

199. »Bessere Volkspartei«, Gasser, Florian, erschienen bei *zeit.de*, 13.3.2014.

200. »So hat Österreich gewählt – alle Resultate im Überblick«, Bauer, David/ Kolly, Marie-José, erschienen bei *nzz.ch*, 20.10.2017.

201. partei.neos.eu/wer-wir-sind, abgerufen am 10.4.2018.

202. peto.de/wer-wir-sind/portrait, abgerufen am 9.4.2018.

203. peto.de/wer-wir-sind/fraktion, abgerufen am 9.4.2018.

204. »Plötzlich Bürgermeister«, Hofmann, Madeleine, erschienen bei *capital. de*, 15.5.2017.

205. »Was passiert, wenn eine Jugendpartei die Stadt regiert?«, Hofmann, Madeleine, erschienen bei *ze.tt*, 13.5.2017.

206. »Da sehen die Parteien alt aus«, Afanasjew, Nik, erschienen bei *fluter.de*, 8.9.2017.

207. »Jetzt sind wir dran!«, Haan, Yannick/Kinnert, Diana/Reintke, Terry/ Schröder, Ria/Spier, Shaked, erschienen bei *zeit.de*, 14.2.2018.

208. »Da sehen die Parteien alt aus«, Afanasjew, Nik, erschienen bei *fluter.de*, 8.9.2017.

209. *Für die Zukunft seh' ich schwarz*, Kinnert, Diana, Reinbek 2017, S. 48 f.

210. »Marina Weisband von Aula | Schule gemeinsam gestalten«, Open Knowledge Foundation Deutschland, erschienen bei youtube.com, 12.3.2018.

211. »Wie die Ex-Piraten-Chefin Demokratie an Schulen bringen will«, von Lindern, Jakob, erschienen bei *handelsblatt.com*, 10.2.2018.

212. »aula – Schule gemeinsam gestalten«, erschienen bei *bpb.de*, 19.10.2017.

213. »Das versprechen die großen Parteien den jungen Wählern in

ihren Programmen wirklich«, Hofmann, Madeleine, erschienen bei *buzzfeed.com*, 18.9.2017.

214. spdplusplus.de, abgerufen am 19.4.2018.

215. »Nachwuchsquoten in Parteien und Parlamenten«, Positionspapier 9/2015, Stiftung für die Rechte zukünftiger Generationen, Stuttgart 2015.

216. »Rat für Nachhaltige Entwicklung in Deutschland, Ombudsmann für Zukünftige Generationen in Ungarn, Kommission für Zukünftige Generationen in Israel«, Deutscher Bundestag, Wissenschaftliche Dienste, WD 1–3000–005/11, 2011.

217. »Wir blicken zu ängstlich in die Zukunft«, Utler, Simone, erschienen bei *Spiegel Online*, 11.11.2010.

218. intezet.greendependent.org, Future Generations Ombudsman Hungary, Converge Inititiatives, Greendependent, abgerufen am 21.4.2018.

219. »Rat für Nachhaltige Entwicklung in Deutschland, Ombudsmann für Zukünftige Generationen in Ungarn, Kommission für Zukünftige Generationen in Israel«, a. a. O.

220. futuregenerations.wales, abgerufen am 21.4.2018.

221. »The High Commissioner for Future Generations: The Future We Want«, erschienen bei worldfuturecouncil.org, 2012.

222. »Das versprechen die großen Parteien den jungen Wählern in ihren Programmen wirklich«, a. a. O.

223. »Kinder siegen vor Gericht gegen den kolumbianischen Staat«, Haarbach, Madlen, erschienen bei *tagesspiegel.de*, 9.4.2018.

224. »Das versprechen die großen Parteien den jungen Wählern in ihren Programmen wirklich«, a. a. O.

225. jugend-check.de, abgerufen am 21.4.2018.

226. »Ein neuer Aufbruch für Europa. Eine neue Dynamik für Deutschland. Ein neuer Zusammenhalt für unser Land«, Koalitionsvertrag zwischen CDU, CSU und SPD, Berlin 2018.

227. Ebd.

228. dkhw.de, »Kinderrechte ins Grundgesetz«, Deutsches Kinderhilfswerk, abgerufen am 22.4.2018.

229. »Das versprechen die großen Parteien den jungen Wählern in ihren Programmen wirklich«, a. a. O.

230. »Wahlrecht ohne Altersgrenze«, generationengerechtigkeit.info, abgerufen am 23.4.2018.

231. youtube.com/user/LeFloid, abgerufen am 23.4.2018.

232. facebook.com/berniesanders, abgerufen am 26.4.2018.

233. »Lieblingslinker«, Hermsmeier, Lukas, erschienen bei *zeit.de*, 9.11.2017.

234. »More young people voted for Bernie Sanders than Trump and Clinton combined – by a lot«, Blake, Aaron, erschienen bei *washingtonpost.com*, 20.6.2016.

235. ourrevolution.com/about, abgerufen am 26.4.2018.

Daniel Shapiro
Verhandeln
Die neue Erfolgsmethode
aus Harvard

2018. Ca. 352 Seiten · Gebunden

Auch als E-Book erhältlich

Nichts ist unverhandelbar

Ob politische Konflikte, knirschende Geschäftsbeziehungen oder
scheiternde Ehen: Der Gründer und Direktor des Harvard International
Negotiation Program, Daniel Shapiro, stellt in seinem Buch eine bahn-
brechende neue Methode vor, Gräben durch Verhandlung zu überwinden.
Konfliktlösung gelingt nur dann, so Shapiro, wenn wir wissen, dass es
neben rationalen und emotionalen Differenzen im Kern um Identität geht.
Um die eigene und die des anderen, das heißt um Glaubenssätze, Rituale,
Loyalitäten, Werte und Prägungen. Shapiro lässt uns die Mechanismen
und Eskalationsstufen in menschlichen Beziehungen verstehen und zeigt
praxisnah, wie wir mit diesem Wissen Verhandlungen erfolgreich führen
und dabei Konflikte nicht nur lösen, sondern diesen auch vorbeugen.

campus.de

Frankfurt. New York

Marius Kursawe
Berge versetzen
für Anfänger
Mach doch endlich,
was du willst!

2018. Ca. 256 Seiten

Auch als E-Book erhältlich

So geht Motivation!

Der Traum vom besseren Leben kann Ansporn und Motivation sein, er kann aber auch belasten, wenn man ihn nicht umsetzt. Aus psychologischen Forschungsergebnissen destilliert Marius Kursawe kleine, rasch anwendbare Mindhacks für den leichten Start sowie Tools und Methoden für den langen Atem. Inspirierende Beispiele erfolgreicher Macher aus Sport, Wissenschaft und Alltag ergänzen das mentale Rüstzeug – wie beispielsweise ein Schweizer Bergführer, der ganz normale Menschen auf den Mount Everest bringt, oder die 68-jährige Rentnerin, die endlich Klavier spielt. Es gibt keinen Grund, dem eigenen Glück länger im Wege zu stehen!

campus.de

Frankfurt. New York